民营企业党组织治理与信息披露质量研究

高延歌◎著

西南财经大学出版社

中国·成都

图书在版编目(CIP)数据

民营企业党组织治理与信息披露质量研究/高延歌著.—成都:西南财经大学出版社,2024.5
ISBN 978-7-5504-6070-6

Ⅰ.①民…　Ⅱ.①高…　Ⅲ.①中国共产党—民营企业—党的建设—影响—企业信息化—企业管理—研究—中国　Ⅳ.①D267.1②F279.245

中国国家版本馆 CIP 数据核字(2024)第 029882 号

民营企业党组织治理与信息披露质量研究
MINYING QIYE DANGZUZHI ZHILI YU XINXI PILU ZHILIANG YANJIU
高延歌　著

责任编辑:李思嘉
责任校对:李　琼
封面设计:墨创文化
责任印制:朱曼丽

出版发行	西南财经大学出版社(四川省成都市光华村街 55 号)
网　　址	http://cbs.swufe.edu.cn
电子邮件	bookcj@ swufe.edu.cn
邮政编码	610074
电　　话	028-87353785
照　　排	四川胜翔数码印务设计有限公司
印　　刷	郫县犀浦印刷厂
成品尺寸	170 mm×240 mm
印　　张	10
字　　数	165 千字
版　　次	2024 年 5 月第 1 版
印　　次	2024 年 5 月第 1 次印刷
书　　号	ISBN 978-7-5504-6070-6
定　　价	58.00 元

前言

　　信息披露是资本市场重要的制度安排，信息披露质量对于资本市场参与者来说，其重要性不言而喻，高质量的信息披露是成熟金融市场的重要特征之一（Bushman et al., 2004；李春涛 等，2018）。高质量的信息披露不仅有助于降低信息不对称程度，更好地保护资本市场参与者的合法权益；而且能提高资本市场的运行效率（Tong, 2007；潘临 等，2021）。虽然中国经济在过去几十年取得了显著进步，但中国作为一个新兴市场，其信息披露问题仍然是制约其企业高质量发展的短板（Gul et al., 2010）。尤其是民营企业，不仅数字信息披露质量不高，而且文本信息披露质量也较差（于蔚 等，2012）。KM 药业财务造假、YT 药业和 KD 乳业信息披露违规等一系列信息披露问题，无不反映我国民营企业信息披露问题的严重性。这不仅严重影响了民营企业的发展质量，还会使投资者的利益受到侵害，阻碍资本市场的有效运行。因此，有效解决民营企业信息披露问题具有重大的理论意义与现实需求。

　　为了解决资本市场信息披露问题，我国监管部门持续推进信息披露制度深化改革，加大对信息披露重大违法违规行为的惩戒力度。深交所自 2001 年起，每年都会对上市公司公开的信息质量进行综合评估与考核，所公布的考核结果成为投资者了解公司信息披露质量状况的重要信息来源。2020 年 10 月发布的《国务院关于进一步提高上市公司质量的意见》，明确要求上市公司要规范治理、完善内部控制，从而提升信息披露的质量。2021 年，中国证监会多次强调对企业财务造假、披露违规等行为必须持"零容忍"的态度，以增加企业违规的成本①。此外，为加强对文本信息披露的规范，2019年修订的《中华人民共和国证券法》（以下简称《证券法》）和2021年修订的《上市公司信息披露管理办法》分别要求上市公司信息披露要做到"简明清晰、通俗易懂"。这些制度在一定程度上改进了上市公司信息披露质量，但是制度和措施只能为信息披露质量的提高提供技术支持，要想从根本上解决资本市场存在的信息披露问题，有效的公司治理机制才是关键（Ball et al., 2003; Effah et al., 2022）。由于外部治理机制往往都是事后惩戒，具有一定滞后性，其在内部治理机制失效时才发挥作用，因此完善的公司内部治理机制成为提高企业信息披露质量的重要一环（Daily et al., 2003）。

为了契合建设社会主义市场经济的要求、促进民营企业健康发展，民营企业党建工作也随之逐步开展并不断强化。2021年中国共产党党内统计公报显示，已有151.3万家企业建立了党组织，基本上实现了应建尽建。随着党组织在民营企业中领导地位的提升，党组织治理作为一项重要且具中国特色的公司内部治理机制，开始在民营企业微观决策中发挥着重要的积极作用（Li et al., 2008; 龙小宁、杨进, 2014; 何轩、马骏, 2018; 郑登津 等, 2020a; 郑登津 等, 2020b; 马骏 等, 2021; Yu & Chen, 2021）。一方面，党组织治理能够帮助民营企业加强公司内部监督、降低经营风险以及帮助企业进行文化建设和吸纳、培养优秀人才，提高经济绩效。另一方面，在企业与外部联系中，党组织作为架起民营企业与党和政府之间的一座桥梁，能够在资源获取、信号传递和政策沟通等方面为民营企业的可持续发展提供便利（沈永东、虞志红, 2019; 龚广祥、王展祥, 2020; 徐细雄 等, 2020）。因此，民营企业党组织治理很可能通过有效改善公司治理，减少管理层在信息编制、披露与解读等过程中的寻租动机，进而提升企业信息披露质量。

在理论研究方面，既有文献针对民营企业党组织治理的职工权益、

---

① 资料来源：http://stock.10jqka.com.cn/20 210 317/c627810603.shtml。

社会责任、合法合规经营、企业绩效、投资水平以及融资约束等经济后果进行了大量研究。已有研究有待优化的地方有两个方面：一是已有相关研究都只考察了民营企业党组织治理对编制和披露阶段信息质量的影响，尚未涉及其对解读阶段信息披露质量的影响；二是虽然已有文献考察了民营企业党组织治理对合法合规经营的影响，但相关研究均基于数字信息层面，尚未探讨民营企业党组织治理对文本信息质量的影响。由信息系统论可知，信息是一个分为"编制—披露—解读"三个阶段的系统流程，从本质上看，信息的披露是一个信息传递的过程（卜君，2022）。在整个过程中，每一个流程都会对信息披露质量产生直接影响。从信息披露内容来看，年报信息披露包括数字信息披露和文本信息披露。对于民营企业来说，不仅其数字信息披露质量不高，而且文本信息披露质量也较差。因此，本书试图从年报数字信息和文本信息两个层面，遵循信息传递流程，构建党组织治理对"编制—披露—解读"多维度的信息披露质量影响分析框架，以期进一步完善企业信息披露质量问题的研究体系。

本书是笔者在博士论文的基础上修改完善而成。本书以2007—2020年沪深A股民营上市公司为对象，重点介绍了民营企业党组织治理对信息披露质量的影响及作用机理，并分别从政府层面、企业层面及监管层面，提出相应的对策和建议，以期为促使政府对民营企业党组织治理制度的构建、优化民营上市公司党组织治理机制、提升监管机构对上市公司信息披露的整体监督质量提供有价值的参考。本书有两个基本特点：一是选题的前瞻性。民营企业党组织治理机制是社会经济发展的必然产物。目前，党组织在民营企业中如何发挥治理作用以及其内在机制仍处于探索阶段。本书从党组织融入上市公司治理结构发挥监督治理作用的现实背景出发，依照"提出问题—理论溯源—实证检验—解决问题"的逻辑链条，站在了民营企业党组织治理机制效果研究的前沿。二是现实的靶向性。本书通过理论分析和实证检验，在一定程度上明确了党组织在民营企业公司治理中的地位、作用及实施效果，并基于信息"编制—披露—解读"的逻辑主线，选取年度财务报告在编制、披露以及解读阶段的特征作为信息披露质量的具体衡量指标，搭建出"党组织治理对年报数字信息披露质量和文本信息披露质量"的影响理论模型，并贯穿于全书研究，以多维度视角全面、系统地考察了信息披露质量问题。

本书可作为民营企业开展党建工作的参考用书，对民营企业建立中国特色党组织治理结构的具体路径和模式有一定的参考价值；也可作为民营企业高质量发展的指导用书，对引领民营企业高质量发展与资本市场高质量发展战略同频共振、共同发展具有一定的参考价值。由于笔者才疏学浅，且党组织在民营企业中发挥治理作用以及内在机制还处于初步探索阶段，书中必定有诸多不足，恳请学界和业界各位专家给予批评指正。

高延歌

2024 年 1 月

目录

1 概念界定与文献回顾

1.1 核心概念的界定

本节主要对本书所涉及的核心概念进行逐一界定，其核心概念主要包括：民营企业党组织治理、财务重述、信息披露违规和年报可读性。

1.1.1 民营企业党组织治理

虽然，《中华人民共和国宪法》（以下简称《宪法》）、《中华人民共和国公司法》（以下简称《公司法》）、《中国共产党章程》等法律法规和章程均赋予了党组织在公司治理结构中的法定主体资格，但是党组织参与民营企业公司治理结构并非强制要求，其主要是以国有企业党组织"双向进入、交叉任职"的治理模式作为参考，在公司治理制度中承担着政治和思想引导、监督、保障及政治核心的作用（薛飞，2002；何轩、马骏，2018）。随着党组织在民营企业中领导地位的加深，党组织治理也在民营企业治理体系中产生了重要作用（Yu & Chen，2021）。

所谓的"双向进入、交叉任职"领导体制是指党组（党委）成员可以通过法定程序进入董事会、监事会、管理层，董事会、监事会、管理层成员中符合条件的党员可以依照有关规定和程序进入党组（党委）；管理层成员与党组（党委）成员适度交叉任职；董事长、总经理原则上分设，党组（党委）书记、董事长由一人担任。也有研究表明，该领导制度能够加强党组织对企业经营决策的积极参与和发挥监督制衡作用，充分发挥其政治和思想引导作用。也正是基于此，本书对于民营企业党组织治理变量主要参照"双向进入、交叉任职"的领导体制来进行测度。

1.1.2　财务重述

财务重述作为企业信息披露流程中编制阶段的重要事件,不同于盈余管理,重述是企业真实发生的事件,其发生意味着企业较差的信息披露质量(何威风,2010;马晨 等,2018;何慧华、方军雄,2021)。关于财务重述,有学者将其定义为上市公司对过去存在错误、差错或违规的财务报告进行更正并披露的行为(Herly et al.,2020),该行为可能是企业更正前期差错的主动意识,也可能是出于迎合社会对企业合法性诉求的被动行为,甚至是企业进行盈余操纵的常用手段(Lev,2003;Daniel,2019)。财务重述具体包括以下两种类型:一是会计人员个人的疏忽大意、简单的计算错误等非蓄意操作性质的会计差错所导致的,该性质的财务重述行为对资本市场造成的负面冲击相对较小;二是企业内部人故意的会计操纵所导致的财务重述,主要是指股东或管理者为谋取私利、受到资本市场的融资压力等原因而有意操纵财务报告的行为(马晨 等,2018),该类财务重述行为会对资本市场造成较为严重的负面冲击。

1.1.3　信息披露违规

信息披露违规作为企业信息披露流程中披露阶段的重要事件,是企业信息披露质量差的直观表现(戴亦一 等,2017;杨慧辉、刘伟,2018;潘子成 等,2022)。对于信息披露违规概念的界定,我国《证券法》中明确指出,信息披露义务人不得有虚假记载、误导性陈述、延迟披露以及重大遗漏等信息披露行为。学术界将企业披露违规定义为:企业在编制公告、对外披露的过程中做出虚假陈述、延迟披露及重大遗漏等违反信息披露制度的行为(曾月明 等,2011;潘子成 等,2022)。其中,虚假记载是指上市公司对外披露的信息与公司真实发生的业务不一致,没有按照法律规定的会计程序和制度进行核算、编制和披露。误导性陈述指的是企业披露的资料中存在导致投资者在做投资时方向有偏误的陈述。重大遗漏指的是企业没有遵循信息披露的完整性原则对重大事件进行客观披露,其披露的信息存在虚假性。延迟披露指的是企业未遵循披露的及时性原则没有在规定的时间内做出及时披露,或对于发生的重大事件和交易行为没有及时向投资者进行公告等。也就是说,如果上市公司在披露信息的过程中出现了以上违规问题,则可认定为信息披露违规。

1.1.4 年报可读性

年报可读性作为企业信息披露流程中解读阶段的重要因素，披露清晰的财务报告可以显著影响公司的整体信息披露质量和投资者可以吸收的信息量（李春涛 等，2020）。对于可读性，虽然定义各不相同，但人们普遍认为"可读性"指的是读者理解和处理书面文本的容易程度。Barnett 和 Leoffler（1979）将可读性定义为理解信息的难易程度，并影响个人的认知和处理信息的能力。财务报告作为广大投资者进行投资决策的重要信息渠道，其可读性可以说是投资者阅读财务报告难易程度的直观表现。准确地理解财务报告信息除了受到信息使用者自身知识水平和理解能力的影响，财务报告是否清晰简明、通俗易懂（财务报告的可读性）也是准确理解财务报告信息的重要前提。然而学界对于年报可读性的度量存在诸多不同的方法。Li（2008）首次在会计实证研究中引入可读性概念，并以 Fog 指数和文本长度作为年报可读性的衡量指标。随后便出现诸多不同的衡量方式，主要包括以下几项：

年报篇幅：年报篇幅过长会给阅读者带来较高的信息分析和解读成本，从而降低使用者的信息阅读兴趣和解读效率，即以年报篇幅来进行衡量年报可读性指标（Li，2008；De Franco et al.，2015；丁亚楠、王建新，2021）。

年报文件的大小：年报文件所占磁盘空间的大小，年报文件越大，说明年报可读性越差（Loughran & McDonald，2014；Luo et al.，2018）。

平均句长：点号包括逗号、句号、冒号等表示停顿，具有分割语句功能。汉语句子的最佳长度为 7~12 个字符，超过该长度会给阅读者带来理解障碍。因此，平均句子越长，年报的可读性越差（江媛、王治，2019；王运陈 等，2020；翟淑萍 等，2020）。

年报汉字的笔画数：财务报告中汉字的总笔画数/汉字总数（邱心颖 等，2016）。该指标数值越大，意味着年报可读性越差。

逆接成分密度：如果年报文本信息中含有大量的逆转折词（如虽然、但是、而等），说明年报文本信息中存在较复杂的逻辑关系，会加大读者的阅读难度。逆接成分密度越低，年报文本信息的逻辑关系越简单易懂，年报可读性越强（Loughran & McDonald，2014；任宏达、王琨，2018；王运陈 等，2020；翟淑萍 等，2020；于明洋 等，2022）。

专业术语密度：年报文本中会计金融专业术语占年报总字数的比例，专业术语密度越低，年报可读性越强（王克敏 等，2018；王运陈 等，2020；翟淑萍 等，2020；于明洋 等，2022）。

常见字密度：常见字占年报中总字数的比例，常见字密度指标数值越大，年报的可读性越强（翟淑萍 等，2020；阮睿 等，2021）。

此外，还有部分学者通过主成分分析方法构建综合指标来进行衡量（逯东 等，2020）。

1.2 文献回顾

结合本书的研究问题，主要从以下几个方面进行文献梳理。首先，是党组织参与治理的相关研究，包括国有企业党建的理论研究，民营企业党建的理论研究，国有企业党组织治理经济后果的实证研究，民营企业党组织治理经济后果的实证研究；其次，是企业信息披露质量相关研究，包括财务重述、信息披露违规和年报可读性的影响因素；最后，对已有文献进行整体述评从而勾画出本书的研究主题。

1.2.1 党组织治理的文献回顾

学术界对于企业党组织治理的研究可以划分为两大视角。一方面，基于中国特殊的制度背景和资本市场，国有企业与民营企业存在明显的系统性差异，无论是在企业人员构成方面、企业目标追求方面，还是公司治理机制方面，都有本质不同，要探讨党组织参与企业治理的有效性，自然不能避开产权性质这一特性。按照企业产权性质的不同，相关理论研究主要围绕着国有企业党组织治理和民营企业党组织治理两大维度来展开。另一方面，现代学术的一个明显特点就是各学科之间的交融和相互渗透，推动学术研究不断深化和发展。企业党组织建设具有客观复杂性，这就决定了需要多种学科综合交叉运用，才能更准确地认识企业党建的基本规律和制度背景。只有从法学、政治学的角度搞清楚党的建设的基本问题，同时从经济学的角度搞清楚市场经济下企业活动的基本问题，才有可能对企业党建形成更为科学、全面的认识，寻找党组织治理优势转化为企业发展优势的有效路径（陈晓华，2019；柯绍清，2022）。因此，学者们主要站在法学和政治学学科理论探析国有企业党组织的地位和作用，以及民营企业建立党组织的动机和与公司治理融合的有效途径，也由此产生了许多具有启发性的成果，实现了企业党建研究的深化。同时诸多学者站在经济学学科角度来分别实证检验国有企业和民营企业党组织治理的经济效应及作用机制，以检验党组织治理能否推动我国上市公司高质量发展，最终助力国家经济社会的高质量发展。

1.2.1.1 国有企业党建的理论研究

在国有企业中关键是党组织在企业中的地位和发挥的作用是什么（郝铁川，2006）。理论界的学者们也由此以规范研究和案例研究方法探讨了党组织在国有企业公司治理体系中的地位和作用。《OECD 公司治理原则》提到，一个有效的公司治理制度是与本土的市场属性、制度环境等方面具有较高的适配性的①。与发达国家相比，我国的市场属性、社会文化、制度环境带有本土的独特性，这就意味着构建国有企业现代化公司制度不能完全照搬发达国家的制度框架（蒋铁柱、沈桂龙，2006）。国有企业既是中国特色社会主义市场经济发展的产物，又是社会主义制度的重要基础和社会主义价值目标得以实现的重要力量，带有浓厚的政治、经济等本土化因素，与其他国家的国有企业有着明显的区别。经过我国几十年的改革发展，党组织已成为国有企业中重要的治理制度（张弛，2017）。党对国有企业的领导实际上是国企治理的政治逻辑与经济逻辑的巧妙结合，坚持党的领导，充分发挥企业党组织治理作用，已是我国国有企业的重大特色和独特优势（李源潮，2009）。国企党建与法人治理结构的融合制度改变了公司治理的理念、逻辑架构和程序（付景涛，2021）。从社会网络结构视角看，党组织既纵向嵌入到全国党组织网络，又横向嵌入到企业治理结构（付景涛，2021）。从层次的角度看，在个体层次上，党组织成员兼任企业高管强化了个体的党员和高管的双重身份。党组织开展的党建活动对企业高管产生了规范和赋能效应，将党的政治优势转变为企业的竞争优势（陈世瑞，2012），从而增强国企的组织效能。因此，国有企业党组织作用发挥是建立现代企业制度的前提（李天明、秦小珊，2019）。

在经济社会发展的历史长河中，党组织始终起着关键性的作用，虽然在公司中的治理方式屡经制度更迭，但党组织在国有企业中的地位和作用

---

① 郑寰，祝军. 也论党的领导与国有企业公司治理的完善：中国国有企业公司治理的政治维度 [J]. 经济社会体制比较，2018（3）：123-129.

从 1989 年提出的"发挥政治核心作用"发展为"发挥领导及政治核心作用"进而上升为"发挥领导作用"（王金柱、王晓涵，2022），其地位和作用职能一直在不断地加强和深化，并成为推动企业生产经营、凝聚职工群众、发挥战斗堡垒作用、提升治理软实力和承担社会责任的有力支撑（郑寰、祝军，2018）。站在新的历史起点上，我国经济已由高速增长阶段向高质量发展阶段转变。为实现"十四五"时期的发展目标及 2035 年的远景目标，必须充分发挥国有企业党委（党组）的领导作用和基层党组织的战斗堡垒作用，将党的领导贯穿到公司生产、运营、管理各流程中，真正把党的政治优势转化为国有企业的竞争力，加快国有企业做强做优的步伐（肖云峰，2021）。

1.2.1.2 民营企业党建的理论研究

改革开放以来，社会主义市场经济持续推进，民营企业迅猛发展，成为中国治理过程中的一场"组织革命"，在社会经济改革和发展中的地位日益重要（姚靖，2021）。民营企业的属性定位也由私营企业到非公企业，再到民营企业不断演变（王天义，2020）。然而，相较于民营企业的重要地位，在行政监督力度不足的现实情境下，民营企业党建工作不仅承担着对民营企业生产经营进行政治引领、治理监督的重要任务（姚靖，2021），更是助力国家治理体系、治理能力现代化的新举措（邱观建、付佳迪，2016）。

民营企业党建过程中面临着是否需要设立党组织以及党组织如何参与企业治理结构的现实问题。理论界关于民营企业党建工作问题的研究聚焦于党组织建立的动机和党组织如何与公司治理有效融合等方面。对于为何要在企业中建立党组织及党组织参与公司治理是否有其必要性的问题，在民营企业党建工作不同的发展历史阶段存在不同的回答。薛飞（2002）在实地调查的前提下，认为非公有制企业党建与国有企业党建存在差异，国有企业党组织可以通过党政合一的方式发挥领导作用；而非公有制企业党组织与政府完全分离，政府不能对企业进行直接控制，应建立有关非公有制企业党建制度，为其党建工作的顺利开展提供法律保障。梁雄军等（2004）研究认为企业的态度决定了非公有制企业党建是否能成为一种正式制度。而企业开展党建工作是取得多元化资源的最佳途径，通过该途径，企业更能获得党和政府的优惠政策、资金、技术等资源的倾斜，这在信息不透明、传递不通畅时尤为重要。事实上，党委拥有权力对政策资源进行间接配置，开展党建的企业更能接近党和政府，在相等的条件下，优惠政策和资源通常会向开展党建的企业倾斜。此外，党组织还起到信号作用，代表着企业的信用等级。建立党组织的企业更令人产生信任感，对外传达一种遵纪守法的信号。民营企业从早期的挂户经营模式，股份合作制模式到党支部、党委的设立，企业主担任人大代表和政协委员模式的转变，来获取经营合法性和政治身份（曹正汉，2006），从而使得民营企业主可以借助政治联系防止部分政府部门滥用权力侵害自身的利益（付佳迪、邱观建，2017）。蒋政（2006）认为在私营企业中设立党组织的动机同时取决于企业内部合理性和外部合理性。早期有些民营企业主指出，企业的生产经营活动会受到党建工作的影响，带来过高的运行成本，从而不赞成建立党组织（蒋铁柱、沈桂龙，2006）。但是民营企业在成长发展过程中，存在着公司治理不完善和人力资源有待提升的问题（初明利、贾元昌，2012），加强党建能够有效解决企业内聚力问题，是民营企业改善公司治理绩效的内在需求（李俊，2012）。焦连志（2015）进一步指出，对于民营企业的党组织而言，建立只是第一步，如何融合是关键。在治理过程中，党组织需秉承所有者、经营者、利益相关者共同治理的理念，从而成为企业公司治理结构中思想文化引导、利益协调、资源整合与运行监督功能的主体（初明利、贾元昌，2012）。章高荣（2019）则指出，党组织如何嵌入到企业治理结构中并非一种制度安排，这就会造成除了董事长兼任党委书记能够发挥治理效应，党组织难以与公司治理实现有机融合的局面。大部分民营企业党组织建设工作并不能真正发挥实质性的治理功效。但更多研究指出党组织能够有效融入公司治理结构，引领企业发展、优化治理结构，有效提升民营企业的内部管理水平和决策质量（王鹏，2019；姚靖，2021）。尤其是在当下，为了实现满足人民群众美好生活需要，达到共同富裕的经济发展目标，更是需要依赖党的领导与资本市场的有效运行相结合（陈林、龙菲，2022）。

1.2.1.3 国有企业党组织治理的经济后果实证研究

在国有企业中，企业内部人控制所造成的不良反应比普通公司更为剧烈和严重（唐旭，2022）。实际控制人在企业内部获得极大的自由酌量权，容易引起实际控制人滥用职权的乱象，进一步弱化国有企业内部各治理主体的基本功能。而基层党组织作为其内部的重要部门，直接干预着企业的日常经营活动及重大决策，被作为政府干预的一种直接方式（Chang &

Wong，2004；马连福 等，2013；陈仕华、卢昌崇，2014）。但是，既有研究关于党组织在国有企业中治理效果的结论并不收敛。

在正向影响方面，大部分学者肯定了党组织参与治理对企业产生的正向影响。陈仕华和卢昌崇（2014）研究发现，党组织治理的国有企业在并购行为中索要较高的并购溢价，能够有效防止国有资产的流失。张弛（2019）、余汉等（2021）研究发现，党组织治理还能促进国有资产的保值增值、改善公司治理和社会功能的实现。马连福等（2013）发现党组织治理能够有效遏制高管获取超额薪酬的行为，从而合理改善薪酬问题。Li 和Chan（2016）研究发现国有企业中党组成员兼任董事能够充分发挥治理效应从而降低公司股价崩盘风险，但当兼任高管或监事则未发挥有效治理效应。吴秋生和王少华（2018）实证检验指出党组织治理作为企业监督制约的新力量，通过监督企业建立和完善内部控制体系，从而提高企业内部控制质量。程博等（2017）基于审计师选择的角度，实证得出党组织"交叉任职"治理能够产生较强的信号传递效应，提高企业的审计质量。王元芳和马连福（2014）研究发现，党组织在国有企业中监督制约功能的发挥能够有效降低其代理成本，从而作用于企业价值的提升。毛志宏和李丽（2022）研究发现，党组织嵌入通过降低企业代理成本有效提高了国有企业的投资效率。王元芳和马连福（2021）研究发现，党组织治理能够降低公司风险从而促使企业行为更加自律，有效抑制企业盈余管理行为（程海艳 等，2020）以及财务舞弊行为（陈艳、张武洲，2022）。王梦凯等（2022）实证检验发现党组织可以提高企业的内部控制质量和降低企业风险水平，进而明显降低企业信息披露的违规倾向和违规次数，尤其是在国有企业中，该抑制作用更为显著。罗昆和李亚超（2022）研究发现，国有企业党组织治理能够弥补国企"所有者缺位"和提升治理水平，从而降低国有企业收到内部治理问询函的概率和次数。柳学信等（2020）研究发现党组织进入董事会的模式未对董事会异议产生明显影响，而在董事长与党委书记"交叉任职"时，政治功能与经济功能被有机融合，促使出现更高可能性的董事会异议。郝健等（2021）则着眼于研究董事长同时兼任党委书记的治理模式在国有企业中的实践效果，实证检验发现董事长同时兼任党委书记时，虽然能明显降低国有企业的腐败风险，但未显著改善企业的经营绩效。陈其安和唐书香（2022）则研究发现国有企业实施党委"讨论前置"决策机制产生了强烈的政策效应，在确保企业社会绩效不受负面影响的情况下，能够有效提升企业的经济绩效。乔嗣佳等（2022）实证检验发现，党组织参与国企治理，有效抑制了企业金融化的投机行为和盈余管理行为，从而明显降低了企业金融化程度，并最终提高企业风险金融资产的市场价值。

在负向影响方面，也有研究发现党组织参与治理可能会给企业带来一些负面影响。如 Chang 和 Wong（2004）研究发现党委会对管理者决策权的过度控制所带来的政治成本会降低公司业绩。马连福等（2013）发现党组织参与治理可能会造成国有企业冗余雇员规模的增大。陈仕华和卢昌崇（2014）发现党组织治理在有效保护国有资产时，也可能会带来额外的政治成本。

1.2.1.4　民营企业党组织治理的经济后果实证研究

随着我国《公司法》《中国共产党章程》等法律规章为党组织作为公司治理的一种正式制度提供法定保障，越来越多的民营企业纷纷设立了基层党组织。民营企业的党建与国有企业党建存在较大不同。国有企业中党组织的政治核心地位是有法定和强制制度做保障的，能够控制企业内的资源。虽然民营企业党组织与"政"完全分离，不对公司行为决策产生直接作用，但在经营活动和决策方面一直发挥着重大的间接作用，如在公司治理制度中承担着政治和思想引导、监督、保障及政治核心的地位和作用（薛飞，2002；何轩、马骏，2018）。党组织通过在企业的生产经营和重大决策中行使建议权和监督权，统筹全局、把准方向，有力保证企业重大问题的决策符合国家的法律法规和党的纪律方针，推动着党组织治理对民营企业在维护职工权益、社会责任、合法合规经营、企业绩效、缓解融资压力等诸多方面产生积极影响。在维护职工权益方面，龙小宁和杨进（2014）、Dong 等（2016）、董志强和魏下海（2018）、徐细雄和严由亮（2021）、刘长庚等（2022）、郑登津等（2022）的研究均发现了党组织能够维护企业职工的合法权益，缓解收入不平等。龙小宁和杨进（2014）研究发现民营企业内设党组织能够维护企业的职工合法权益，明显提高职工福利。徐细雄和严由亮（2021）研究发现党组织治理能够赋予民营企业员工集体发声的能力，进而保障员工的雇佣福利。董志强和魏下海（2018）研究发现，党组织可以通过集体发声和党政发声两个途径来改善职工权益。刘长庚等（2022）研究发现民营企业党组织提高了企业劳动收入份额以及员工工资。郑登津等（2022）则以企业内部收入差距为切入点，研究发现，民营企业党组织的影响力可以提高普通员工的报酬，这一定程度上缓解了内部收入不平等。在社会责任方面，梁建等（2010）、余威（2019）、郑登津和谢德仁（2019）、黄杰和郑静（2022）等的研究均发现党组织显著提高了民营企业的慈善捐赠水平，促使其承担更多的社会责任。王舒扬等（2019）、汤学良等（2021）、柳学信等（2021）研究均发现民营企业党组织参与治理显著促进了企业的绿色环保投资。赵云辉等（2022）基于党组织结构和关系嵌入视角，研究发现，党组织结构嵌入和关系嵌入均明显提升了企业的绿色创新水平。当党组织位于企业内部网络结构的中心位置时，党组织活动次数越多则越有利于企业绿色创新。徐细雄等（2020）则发现，党组织嵌入能够增强民营企业的政策感知能力，进而还能促进新增投资水平的提高。在合法、合规经营方面，郑登津等（2020a）基于企业财务违规视角，研究发现党组织在民营企业的嵌入能够有力遏制其违规行为。郑登津等（2020b）进一步以盈余管理行为作为切入点，研究发现党组织的影响力越大，民营企业的盈余管理程度也越低。李世刚和章卫东（2018）研究发现，党组织进入董事会治理有效提高了企业财务报告的审计质量。马骏等（2021）研究指出民营企业内设党组织作为一种正式化、制度化和常态化的治理制度安排，能够通过发挥其监督、制约和引导企业廉洁文化建设的作用，有效抑制高管腐败行为。在企业绩效方面，何轩和马骏（2018）研究发现，党组织治理能够促使民营企业投入更多生产性活动进而显著提高企业绩效（刘长庚，2022）。在缓解融资约束方面，Li等（2008）、严斌剑和万安泽（2020）、尹智超等（2021）研究发现，民营企业党组织治理能够帮助企业获得更多贷款进而缓解企业的融资约束。肖炜诚（2021）进一步研究发现，党组织不仅帮助民营企业获得了银行贷款，而且对民营企业贷款问题起到了纠偏效果。叶建宏（2017）则研究发现党组织虽然能够帮助企业取得政府补贴等外部资源，但不能有效改善公司内部治理。

1.2.2 财务重述的文献回顾

虽然企业利益相关者可以通过多种渠道获得公司相关信息（Healy & Palepu，2001），但是经过外部审计师严格监管和审计的年度财务报告是传递企业信息最重要和可信度最高的媒介，也是各投资者最易获取和做出决策的主要信息来源（Kim & Koo，2014；何慧华、方军雄，2021）。财务重述作为企业信息披露流程中编制阶段的重要事件，其发生不仅意味着财务信息的低质量（何威风，2010；马晨 等，2018；何慧华、方军雄，2021），而且还反映出公司治理存在缺陷（高芳，2016）。已有对于财务重述影响因素的研究主要聚集于公司内部治理、外部治理以及非正式制度方面。

1.2.2.1 公司内部治理

在董事会特征方面，董事会作为公司治理的核心和决策主体，公司信息披露质量直接受其监督，董事会的主要责任之一便是确保公司财务报告和相关披露的完整性和准确性（Masulis，2012）。Abbott 等（2012）研究指出女性董事会成员的存在有助于董事会保持独立态度、降低集体思维的程度和增强董事会对财务报告的监督力度，进而降低企业财务重述概率。马晨等（2012）研究发现董事会规模和会议次数会导致公司财务重述增多，董事会独立性和董事会成员持股比例上升则会显著减少公司财务重述。此外，独立董事作为财务报告的监督者，在很大程度上影响着公司财务重述。杨忠莲和杨振慧（2006）研究发现独立董事兼职数量越多，财务重述发生的概率越大。张洪辉和平帆（2019）实证考察发现，随着独董和企业之间的地理距离的增大，公司发生的财务重述也增加。窦欢等（2021）则进一步考虑到后任独董与公司高管形成间接的社会关系，实证检验得出上市公司的前任独董和后任独董之间有关联会导致更少的财务重述。

在高管特征及权力方面，允许管理层持股主要是为了解决代理问题，在一定程度上能够反映管理层是否具有错报财务信息的动机。马晨和张俊瑞（2012）研究发现企业财务重述随着管理层持股比例上升而呈先降后增的趋势。Mamun 等（2020）的研究则指出高管权力过大会导致公司更高的财务重述概率。而高管晋升激励则可以发挥强烈的激励效应，降低企业财务重述概率（章琳一 等，2016）。Weng 等（2017）研究发现当经理人投保相对较高的责任保险时，减少了他们的法律责任，从而使他们更有可能重述财务报告。Yuan 等（2016）基于中国数据则得出相反的结论，认为董事和高管购买 D&O 保险能够改善公司治理，使企业发生更少的财务重述。此外，也有学者研究发现高管团队的规模和性别比与财务重述显著正相关（何威风、刘启亮，2010），年龄与其显著负相关（何威风、刘启亮，2010；Huang et al.，2012）。齐鲁光和韩传模（2017）基于管理防御视角，研究发现财务重述是高管进行管理防御的工具和结果，企业在高管变更的上年更容易进行财务重述，尤其是进行调减利润的财务重述。蔡贵龙等（2021）研究发现代理问题是企业财务重述行为发生的重要根源，在混合所有制改革背景下，国有企业被非国有股东委派董事可以有效提升公司治理水平，促使国有企业财务重述概率的下降。

在审计委员会特征方面，早年有关审计委员会与财务重述关系的研究大多基于审计委员会是否设立的角度，Abbott 等（2004）基于美国上市公司数据，扩展了以往的相关研究，发现审计委员会的独立性和活跃性能够显著降低企业财务重述的可能性。Krishnan（2005）也得出与其相同的结论。王守海等（2019）则基于中国资本市场背景，研究发现审计委员会财务专长显著减少财务重述。Oradi 和 Izadi（2020）基于伊朗上市公司数据，研究发现审计委员会性别多样性能够有效降低企业财务重述概率。Pathak等（2021）基于美国上市公司数据，研究发现审计委员会性别、年龄、任期以及职业背景的多样性均会降低企业财务重述的可能性。

1.2.2.2 公司外部治理

媒体作为外部治理的重要主体之一，对资本市场信息环境的改善和企业高管行为的约束治理作用日益凸显。Miller（2006）研究发现，媒体通过早期的调查分析，能够对会计欺诈行为的识别起到"看门狗"的作用，为资本市场提供有益的增量信息。在我国，媒体在资本市场上的治理功能，主要通过媒体报道影响上市公司在资本市场上的声誉以及引起市场监管机构的行政介入来形成对被报道企业行为的约束。尤其是媒体的负面报道，更能引起人们对其负面信息的敏感度和关注度（Cianci & Falsetta，2008），导致管理者承担更大的舆论压力或引起市场监管机构的行政介入（于忠泊 等，2012），从而有效遏制企业财务重述行为（戴亦一 等，2011）。

此外，作为其他重要外部监管力量，外部审计、分析师、机构投资者也均对企业财务重述起到有效的遏制作用（刘笑霞 等，2021；刘柏、琚涛，2021；杜勇、胡红燕，2022）。

1.2.2.3 非正式制度

除了正式制度对财务重述产生重大影响，非正式制度也已被证明是影响企业财务重述行为的重要因素。企业文化已被证实对企业行为决策有着显著的影响。左锐等（2018）研究发现企业诚信文化作为一种社会规范和价值观，其所包含的高道德标准约束着管理层的行为决策，进而减少企业财务重述。此外，相对于集体主义，个人主义文化则更容易引发企业财务重述行为（马晨 等，2018）。

1.2.3 信息披露违规的文献回顾

企业信息披露违规行为作为公司治理存在缺陷的集中体现（Khanna et al.，2015），更多地反映了管理层的机会主义行为（Wang et al.，2010）和大股东的掏空行为（屈文洲、蔡志岳，2007；张晨宇、武剑锋，2020）。因此，有效的公司治理是保障企业合规经营的重要途径。目前大多学者也主要从企业层面、高管个体层面、外部制度监管层面以及非正式制度等方面对信息披露违规的影响因素展开研究。

1.2.3.1 企业层面

作为公司治理的核心，董事会具有信息披露监督和企业经营决策规范的权利与义务，董事会治理水平高低以及特征直接关系到信息披露违规与否。Uzun 等（2004）研究发现，董事会、薪酬委员会及审计委员会中的外部独立董事比重的增大会有效遏制其信息披露违规行为。张晓岚等（2009）研究发现，控股股东所派董事比例、董事会年龄多样性、审计委员会的设立、专业背景董事多样性等因素均能抑制企业信息披露违规。曾月明等（2011）则研究发现独立董事比例未能有效抑制信息披露违规，而股权性质、董事会总人数、盈利能力和债务压力均能显著减少信息披露违规。车响午和彭正银（2018）研究发现，存在法律、财务背景董事的企业，其违规行为更为频繁。朱杰（2020）研究发现，独立董事的激励薪酬过多或过少都不能有效减少公司信息披露违规，独立董事薪酬多少与公司信息披露违规之间存在"U"形关系，尤其是当审计质量较差及分析师关注度较低时，该"U"形关系更为显著。周泽将等（2022）研究发现，董事在获取较高的选举得票率的情况下，会有更强的维护自身市场声誉的动机以及在履职过程中保持较高的独立性，从而加强对管理层和大股东行为的监管，减少企业违规。近年来，独立董事兼任现象也十分普遍，江新峰等（2020）研究发现独董在多数公司任职会抑制所在企业的违规动机和次数，且该类型独董在董事会中的比重越大，该抑制效果更好。公司股权集中度作为股权结构的一个重要方面，也深刻影响着企业信息披露违规行为，但是究竟是正向还是负向影响，其结论并不统一。根据 Shleifer 和 Vishny（1986）的研究，股权集中能够给予大股东更多的激励来监督管理者，从而能够正向影响信息披露质量。La Porta 等（1998）的研究则发现，股权集中会对企业信息披露质量造成负向影响。基于中国新兴市场的研究场景，于晓强和刘善存（2012）研究发现公司股权集中度和第一大股东持股比例越高，越不容易发生信息披露违规。而曾月明等（2011）的实证研究则发现股权集中未对信息披露违规行为产生显著影响。此外，股权质押的融资方式使得股东的质押行为与上市公司密切相关。大股东在利益的诱使下，上市公司的信息披露行为被异化为他们谋取个人利益的工具（Ertimur et al.，2014；鲁桂华 等，2017），并进一步诱发公司的信息披露违规动机（张晨宇、武剑锋，2020）。

1.2.3.2 高管个体层面

近年来，基于高管的个体背景特征探究公司财务行为成为学术研究的热点。已有学者指出，高管的认知结构、价值观念、风险偏好、职业背景、早期经历等因素会对公司违规产生重要影响（Troy et al.，2011；Liu，2016；Yao et al.，2020）。CFO 作为负责公司财务的高管，在很大程度上影响着公司发生信息披露违规与否。俞雪莲和傅元略（2017）研究发现，CFO 专业能力和薪酬动力的增强均能抑制公司信息披露违规，而职位权力的增大则会助长公司信息披露违规。朱朝晖等（2021）通过构建相应策略识别高管机会主义品行，将机会主义品行视为高管异质性特征，研究发现高管的机会主义品行会显著影响企业信息披露违规。戴亦一等（2017）首次从中国特色政治文化的新视角，把"共产党员身份"纳入高管特征指标体系。研究发现，拥有党员身份的董事长的理念利益和物质利益追求通过在企业建立党组织这一潜在渠道对企业财务违规行为形成有力约束。Yao等（2020）研究发现，早期生活中的创伤经历会影响高管的风险态度和价值系统，从而使得由早年经历过大饥荒的高管领导的公司不太可能在财务上作假，表现出更低的信息披露违规概率。

1.2.3.3 外部制度及机构监管

在混合所有制形式的民营企业占比已超过一半的现实情境下（孙亮、刘春，2021）。已有研究发现，民营企业混合所有制建设过程中，无论是国有参股民营企业还是民营参股国有企业，均能显著抑制企业信息披露违规（谷溪、乔嗣佳，2021；于瑶、祁怀锦，2022）。作为资本市场的重要监管力量，中国证监会被赋予维护资本市场稳定运行、推动其高质量发展的重要职责。但是，李文贵和邵毅平（2022）则研究发现，监管信息公开未能有效抑制企业信息披露违规。

分析师在资本市场中扮演着最具影响力的治理角色，自身具备的专业知识不仅能够直接及时发现并披露企业违规行为，还能通过对上市公司关注程度的增加产生传染效应，增强投资者、媒体等其他外部监督主体对该公司的关注程度（于忠泊 等，2011），随着分析师关注度的增加，企业的信息透明度也会随之增加（刘维奇、武翰章，2021），从而减少企业信息披露违规（邱静、李丹，2022）。此外，卖空机制和儒家文化也具有较好的治理效应，可以降低信息披露违规概率，提升公司信息披露质量（杨慧辉、刘伟，2018；黄顺武、李雪，2022；潘子成 等，2022）。

1.2.4　年报可读性的文献回顾

对于可读性，虽然定义各不相同，但人们普遍认为"可读性"指的是读者处理和理解书面文本的容易程度。Barnett 和 Leoffler（1979）将可读性定义为理解信息的难易程度，并影响个人的认知和处理信息的能力。财务报告作为广大投资者进行投资决策的重要信息渠道，其可读性可以说是投资者阅读财务报告难易程度的直观表现。准确地理解财务报告信息除了受到信息使用者自身知识水平和理解能力的影响，财务报告是否清晰简明、通俗易懂，也是准确理解财务报告信息的重要前提。特别是对个人投资者而言，可读性较低和较长的报告需要更多的时间和精力来提取相关信息（Bloomfield，2002），再加上投资者有限的关注度（Hirshleifer & Teoh，2003）以及沟通中的"噪声"可能会减少信息获取行为（Indjejikian，1991）。而披露清晰性的财务报告可以显著影响公司的整体信息披露质量和投资者可以吸收的信息量（李春涛 等，2020）。企业年报可读性差，通常是管理层用来隐藏较差业绩或寻租的手段（Li，2008；Loughran & Mcdonald，2014；Ajina et al.，2016；Lo et al.，2017；王克敏 等，2018；Arora & Chaunan，2021；于明洋 等，2022；刘会芹、施先旺，2022）。因此，年报可读性成为金融和会计领域当前研究的热点话题（Loughran & McDonald，2016），尤其是提高年报可读性的影响因素引起了监管机构和投资者的高度重视。随着信息技术的发展，已有文献从不同的视角对年报可读性的影响因素展开了实证研究。

作为第一个大样本研究，Li（2008）首次引入使用计算语言学研究中的 Fog 指数和年报的长度作为企业年报可读性的测度指标，研究发现，较低盈利的公司提供的年报更难阅读和理解（Fog 指数较高且篇幅较长），而较容易阅读的公司年报显示出更持久的盈利。该发现表明，管理者有动机通过增加文本信息复杂性以掩盖数字信息操纵（较低的年度报告可读性）和混淆糟糕的业绩（Loughran & Mcdonald，2014；王克敏 等，2018）。Ajina 等（2016）、Lo 等（2017）、Arora 和 Chaunan（2021）沿用 Li（2008）对年报可读性的衡量方法（Fog 指数），探讨了企业盈余管理行为如何影响年报的可读性，实证结果表明，进行盈余管理的公司往往会使年报的可读性变得更差，即企业的财务操纵行为越多，年报就越难理解。

高阶梯队理论认为，管理者的个人特征将影响公司的行为决策，鉴于高管在公司决策过程中的关键作用，他们的个人特征也是信息披露质量的关键决定因素。在不同的个人特质中，如高管的年龄、权力、自信度等尤其受到研究者们的关注。Sun 等（2022）研究发现 CEO 权力与年报的阅读难度正相关，意味着 CEO 拥有强大权力的公司的年报是难以阅读和理解的。Bai 等（2022）研究发现，相对于不过度自信的 CEO，过度自信的 CEO 出于强烈的意愿为他们想要的投资项目融资从而提供了更可读的财务报告。

商业和社会科学研究认为，随着年龄的增长，个人会变得更有能力和道德。基于此，Xu 等（2018）研究发现，年长的高管及 CEO 将更有能力解释经营复杂性，并在报告中保持较高的道德标准，从而使年报具有更高的可读性。此外，董事会秘书最为重要的职责就是负责信息披露，其个人背景特征也可能会影响企业年报可读性。孙文章（2019）从董秘声誉机制视角研究发现，董秘会出于保护自身声誉的动机，促使企业披露较高可读性的年报。

也有学者关注到了企业的商业战略和企业行为对企业年报可读性的影响。Habib 等（2018）继 Bonsall 和 Miller（2017）之后，使用 Bog 指数，作为年报可读性的主要度量指标，调查了公司层面的商业战略与年报可读性之间的关系，发现具有开拓型商业战略的公司的年报可读性较差，而具有防御型商业战略的公司的年报可读性较强。Lim 等（2018）采用 Li（2008）对年报可读性的衡量方法（Fog 指数），得出与 Habib 等（2018）相似的结论。此外，企业复杂的避税行为可能会造成企业信息透明度较低，从而降低年报的可读性水平（于明洋 等，2022；张璇 等，2022）。

企业年报可读性还会受到企业的外部监管环境及非正式制度的影响。丁亚楠和王建新（2021）实证考察了经济政策不确定性对年报可读性的影响。实证结果得出，经济政策不确定性会诱使管理者行使机会主义行为，进而致使企业较差的年报可读性。阮睿等（2021）利用2014年开通的"沪港通"机制这一准自然实验，研究发现该机制实施以后，纳入"沪港通"的A股上市公司的年报可读性得到了显著提高。翟淑萍等（2020）、张艺琼（2021）实证考察均发现，年报问询函作为重要的外部治理机制，能够促使上市公司年报可读性在收到问询函后得到显著提高。任宏达和王琨（2018）将社会网络理论引入会计学的研究范畴，研究发现，在监管制度和法律法规有待完善的制度背景下，企业能够依靠社会关系获取资源时，其年报可读性要明显低于其他企业。

1.2.5 文献述评

通过对既有相关文献的整理、归纳和分析可知，党组织治理对公司行为和经营决策的影响是最近几年研究的热点话题。当前学术界关于党组织治理对公司行为和经营决策影响的研究也取得一定的进展和成果，并且还在不断地细化、深化和拓展。为本书深入、系统探讨提供了有价值的理论参考和实证经验。此外，关于信息披露质量的影响因素研究一直是学术界经久不衰的经典话题，相关的研究成果也颇为丰富。但是，在对已有文献的回顾和总结的基础上，本书认为目前研究还存在以下方面需要进一步的探讨：

第一，对党组织治理与信息披露质量之间关系缺乏整体性、系统性的研究。现有关于党组织治理与信息披露质量之间关系的研究，研究维度较为单一，缺乏系统性、全面性的研究视角。大量研究仅仅考察了党组织治理与财务违规、信息披露违规、盈余管理、盈余质量等之间的关系，尚未基于信息的整个传递流程视角，对党组织治理与上市公司信息披露质量进行系统性和全面性的探讨。经过相关文献梳理可以看出，现如今，民营企业党组织治理已成为民营企业内部治理的重要组成部分，在这样的现实背景下，进一步深入探索党组织如何更好地提高企业治理效率和助力民营企业高质量发展，依然是一个重要的研究课题。信息披露质量作为上市公司发展质量的重要组成部分，对其高质量发展起着不可或缺的作用。从信息传递流程角度来看，信息是一个分为"编制、披露、解读"三个阶段的系统流程，从本质上看，信息的披露是一个信息传递的过程（卜君，2022）。在整个过程中，每一个流程都会对信息披露质量产生直接影响。从年报信息披露内容角度来看，信息披露包括数字信息和文本信息，两者是相辅相成的紧密关系（刘会芹、施先旺，2022）。因此，本书选取年度财务报告在编制、披露以及解读阶段的特征作为信息披露质量的具体衡量指标，将年报数字信息披露质量和文本信息披露质量纳入研究体系，构建"党组织治理对数字信息披露质量和文本信息披露质量"的影响理论模型，从各个视角深入剖析民营企业党组织治理在信息披露不同阶段所发挥的作用，具有重要性和必要性。

第二，我国民营企业存在着数字信息和文本信息披露质量都不尽理想的客观问题。相对于数字信息披露来说，文本信息披露给予了管理层更大的自由操控空间。已有文献梳理中可以发现，国外对于年报可读性问题的考察起步较早且成果颇为丰硕，而国内相关研究则起步较晚，并且当前既有研究主要聚焦于一般公司治理机制视角，探讨其对公司文本信息披露质量的影响。党组织治理作为一种重要且具有中国特色的公司内部治理制度安排，在民营企业微观决策中发挥着重要作用。然而，大多现有研究局限于党组织治理与数字信息披露质量之间的关系，党组织治理对公司文本信息披露质量的研究略显不足，特别是对民营企业年报可读性影响的研究甚是缺乏。

综上所述，从党组织治理的文献研究来看，还存在一些问题需要解决。鉴于此，本书试图在先前文献研究的基础上对这一领域的研究进行深化、系统化和拓展。以信息披露质量作为研究切入点，基于数字信息和文本信息两个层面，遵循信息三个阶段的传递流程，然后结合党组织治理的制度背景，考察民营企业党组织治理对信息披露质量的影响及作用路径。以期补充民营企业党组织治理经济后果的相关文献以及补充信息披露质量影响因素的研究文献，并最终为政府、民营企业优化党组织治理机制提供经验证据，为监管层完善信息披露制度提供经验证据。

1.3　本章小结

本章首先是对民营企业党组织治理、财务重述、信息披露违规、年报可读性等本研究所涉及的核心概念进行详细界定，然后在对核心概念界定的基础上，结合本书的研究问题，分别对党组织参与治理的理论和实证研究、企业财务重述、信息披露违规和年报可读性影响因素的相关研究进行文献的系统梳理和整体述评，从而为本书后面章节深入、系统探讨提供了扎实的理论支撑。

2　制度背景与理论基础

2.1　制度背景

任何制度都是一定的政治、经济、文化和社会环境的产物，在特定的时间为特定的目标服务（何增科，1996）。制度必须顺应历史的潮流，当环境发生重大变化时，应及时对制度进行创新。企业选择什么样的公司治理制度和治理体系，是由这个国家的国情决定的，更是由这个国家的实践检验的。中国特色社会主义党组织参与公司治理制度和体系是历史逻辑、理论逻辑和实践逻辑的有机结合，因为它是经过建设、改革的长期实践而形成的。

2.1.1　国有企业党组织治理的历史沿革

提高公司治理能力一直是国有企业改革的核心。企业党组织在国有企业政治层面、经济层面、文化层面以及社会生活层面的核心地位，有力确保了其对国有企业的政治领导、思想领导和组织领导。党组织引领国有企业治理具有丰富的制度依据，其在国有企业的领导体制主要经历了如下几个阶段的发展：1949—1952 年新中国成立初期，在国营企业中实行厂长领导下的工厂管理委员会体制。1952 年 2 月，《关于国营公营工厂管理委员会的指示》发布，该文中提到在国营企业中应实施管理委员会体制。在该体制下，厂长为管理委员会主席，企业党委对厂长的行政工作进行监督，党组织对企业进行思想政治领导和组织领导，以保证党在企业的各项任务的完成。1952—1956 年实行一长制，又称厂长负责制。厂长对企业的生产经营和行政工作负全部责任，党组织对思想政治领导负完全责任，保证和监督企业完成生产经营和行政工作，监督企业对党的路线、方针、政策的贯彻落实等。1956—1987年，在相当长的一段时间内实行党委领导下的厂长负责制。1956年9月党的八大报告中指出，在企业中，要建立以党为核心的集体领导和个人负责相协调的领导体制。该体制主要是针对一长制实行过程中出现的忽视党的领导重要性而提出的，标志着企业领导体制由过去党组织对企业的直接领导转变为对企业的保证监督。保证和监督企业真正落实党的政策、方针、路线和国家法律制度，把控企业社会主义的发展方向。但该体制也存在一些弊端，如企业名义上是厂长负责制，实则党委独掌大权，并削弱了厂长的作用。在大跃进期间，受"左"的思想的干扰，该体制未得到实际的贯彻执行，直到1961年9月发布《国营工业企业工作条例（草案）》，将党委领导下的厂长负责制明确确立为企业的根本制度，该体制又重新被重视并贯彻实行，党委在企业中处于领导核心地位。1987—1992年，实行厂长负责制，厂长在企业中处于领导地位，党组织处于政治核心地位。1993—2015年实行公司制。截至2012年年底，由股东会、董事会、监事会和经理层构成的法人治理结构在国有企业已普遍建立。1999年9月，党的十五届四中全会通过的《中共中央关于国有企业改革和发展若干重大问题的决定》指出，国有企业可构建"双向进入，交叉任职"领导体制，为党组织发挥政治核心作用明确了具体方式。"双向进入、交叉任职"的概念在2004年10月发布的《中央组织部、国务院国资委党委关于加强和改进中央企业党建工作的意见》中被正式提出。2015年9月，中共中央办公厅印发的《关于在深化国有企业改革中坚持党的领导加强党的建设的若干意见》，进一步细化了"双向进入、交叉任职"制度的具体要求，强调国有企业要明确党组织在公司治理结构中的法定地位，同时把党建工作纳入公司章程。2016年至今实行中国特色的现代企业制度。坚持实行并完善"双向进入、交叉任职"领导体制。2016年10月，全国国企党建工作会议上明确提出，国有企业应建立中国特色的现代企业制度，将党的领导与公司治理的各环节进行有机融合，发挥党组织的领导核心和政治核心作用。这次会议标志着党组织参与国有企业治理迈进了新的发展阶段①。2019年3月修订的《中国共产党党组工作条例》，强调了党组工作制度化、规范化、程序化的重要作用，进一步明确了党组管党治

---

① 王佳宁.党组织嵌入国有企业治理结构的三重考量［J］.改革，2017，278（4）：5-13.

党的政治责任。2020 年颁布的《国企改革三年行动方案（2020—2022年)》，再次明确了国有企业改革的重点任务，其中一项重要任务就是加强国有企业党的领导和党的建设，实现党的建设工作和企业生产经营的深度融合，从而为国有企业高质量发展提供重要保障。2021 年 11 月 11 日发布的《中共中央关于党的百年奋斗重大成就和历史经验的决议》指出，党必须强化对社会经济建设的领导和整体部署，健全党领导经济工作的重要机制设计，推动国有企业做优做强做大，从而提升国有经济的竞争力、创新力、控制力、影响力和抗风险能力。在新阶段，国有企业党组织不仅要实现参与公司治理方式由内嵌于治理结构转变为内嵌到治理结构，还需把党的领导贯穿于公司治理的始终（唐旭，2022）。

对我国党组织领导与国有企业治理结构相融合的演变历程进行梳理可以发现，党组织引领国有企业治理模式呈现不断发展变化的趋势。从整体上看，党组织在公司中的治理方式经历了从粗放型的直接领导到政治核心引领再到强化企业治理的屡次更迭，党对国有企业的领导巧妙地将公司治理的政治逻辑与经济逻辑相结合（唐旭，2022），深刻体现了党组织领导国有企业治理始终遵循我国发展阶段和企业运行规律。虽然国有企业党组织治理相关制度经历了数次调整和不断演进，但党组织在国有企业中的领导核心地位不但没有动摇反而逐步加强。党的领导与法人治理不是相互替代关系，而是有机结合关系。在关乎大局和方向的重大事项上充分发挥党组织的领导作用，同时，在公司治理和经营中积极履行董事会的决策职责、管理层的执行功能、监事会的监督作用，从而构建具有中国特色的现代国有企业制度的稳定架构（张洪松、朱家明，2021），有效提高国有企业治理水平，实现国有企业的良性发展。有关国有企业党组织治理领导体制具体演变的历程如表 2.1 所示，有关国有企业党组织治理的相关规定如表 2.2 所示。

表 2.1　国有企业党组织治理领导体制的演变

经历阶段	具体领导体制
1949—1952 年	工厂管理委员会体制
1952—1956 年	一长制，又称厂长负责制
1956—1987 年	党委领导下的厂长负责制
1987—1992 年	厂长负责制

表2.1（续）

经历阶段	具体领导体制
1993—2015 年	公司制
2016 年至今	中国特色的现代企业制度，即"双向进入，交叉任职"的领导体制

表 2.2　国有企业党组织治理的相关规定

年份	相关规定
1984	第六届全国人民代表大会第一次会议首次明确提出，在国营企业中逐步实施厂长（经理）负责制
1987	党的十三大明确提出要发挥企业党组织的保证监督作用
1989	《中共中央关于加强党的建设的通知》第一次明确了党组织在企业中的政治核心地位
1999	中国共产党第十五届四中全会提出"双向进入、交叉任职"的领导体制
2002	党的十六大修订《中国共产党章程》，要求国有企业和集体企业中党的基层组织发挥政治核心作用
2010	《关于进一步推进国有企业贯彻落实"三重一大"决策制度的意见》确立了国企"三重一大"的决策制度
2013	中国共产党第十八届三中全会通过《中共中央关于全面深化改革若干重大问题的决定》，强调加强党的建设
2016	《中共中央、国务院关于深化国有企业改革的指导意见》要求将党建工作总体要求纳入公司章程，明确国有企业党组织的法定地位
2021	中共中央发布的《中国共产党组织工作条例》进一步明确强调必须大力加强企业等基层党组织建设

2.1.2　民营企业党组织治理的历史沿革

随着改革开放和社会经济建设的推进，我国民营经济得到快速发展，在经济社会发展中的作用也日益明确。相应地，为了契合建设社会主义市场经济的要求、促进民营企业健康发展，民营企业党建工作也逐步开展和不断强化，成为民营企业发展的重要推动力量。但是与国有企业党组织发展的背景不同，民营企业党组织从建立到嵌入再到治理的过程，是民营企业以自身发展为目的而主动寻求建立的过程。民营企业党组织治理的过程大致可划分为以下四个阶段：萌芽期（1978—1991 年），民营企业主就是否建立党组织问题，发出了不同声音。有部分民营企业主认为，建立党组织后，企业会受到监督，影响企业的追求利润目标，党组织可能会借助政治优势，对企业的经营决策和日常管理事务进行干预。另外，党组织举办活动会加大企业的经营成本。但大部分民营企业主支持党组织的建立，认为党组织建立后，企业声誉得到明显提升，效益也得到提高（薛飞，2002）。比如在早期的浙江温州地区，民营经济发展较快，民营企业主要通过挂户经营（又称借红帽子）、股份合作制（又称戴红帽子）以及建立党支部等的方式来获取经营的合法性，消除政治歧视（曹正汉，2006）。整体来看，该时期的民营企业的政治地位尚未确立，民营企业中设立党组织多表现为个别企业的自发性行为，具有规模小和辐射地区少等性质，但也在一定程度上为民营企业党建工作的后期进一步发展奠定了基础（张月、刘兴平，2020）。探索期（1992—2000年），1992年发布的《中共中央关于加强党的建设，提高党在改革和建设中的战斗力的意见》第一次提到有关民营企业党建问题，标志着民营企业党建工作由起步阶段向探索阶段转变。1993年出台的《公司法》第十八条规定，在公司中，根据《中国共产党章程》的规定，设立中国共产党的组织，开展党的活动。公司应当为党组织的活动提供必要条件。1997年，党的十五大再次强调民营经济要充分发挥党的组织优势，把党建设成为坚强的领导核心（江泽民，1997）。2000年发布的《关于在个体和私营等非公有制经济组织中加强党的建设工作的意见（试行）》，首次明确提出凡符合条件的民营企业都应建立党组织并开展党活动，为民营企业开展党组织建设工作赋予了政策依据。这一时期，虽然民营企业的政治地位得以确认，但是民营企业主能否入党的问题仍有较大争议（章高荣，2019）。发展期（2001—2012年），2001年，江泽民在庆祝建党80周年大会的讲话中指出私营企业主是中国特色社会主义的建设者（章高荣，2019）。2002年党的十六大提出，非公有制经济党组织"要贯彻党的方针政策，引导和监督企业遵守国家的法律法规……，维护各方的合法权益，促进企业健康发展"，标志着我国民营企业党组织建设迈进新发展阶段。2009年9月，中共十七届四中全会再次强调，必须加快在非公有制企业中建立党组织①。2012年5月，《关于加强和改进非公有制企业党的建设工作的意见（试行）》中强调，非公有制企

---

① 中共中央文献研究室. 十七大以来重要文献选编（中）[M]. 北京：中央文献出版社，2011：154.

业党组织作为党在企业中的战斗堡垒，应当在职工群众中发挥政治核心作用以及在企业经营发展中发挥政治引领作用。该意见明确了党组织在非公有制企业中的政治核心地位。这一时期，从制度层面上看，民营企业及企业家一同被纳入了党组织制度层面的覆盖范畴，由此解决了民营企业党建工作在制度上的障碍（章高荣，2019）。民营企业党建把扩大组织和工作覆盖作为重点工作方向，把党的建设工作与企业的生产经营深度结合起来，以高质量的党建推进企业的高质量发展，从而为民营企业开展党建工作提供了制度保障。成熟期（2013年至今），在2013年6月的全国组织工作会议中，习近平总书记指出，部分非公有制经济组织党建工作还较为薄弱，尤其是在形势复杂、基础薄弱的地方，更要加强党组织建设①。为了加大民营企业党建工作力度，2014年5月，中共中央办公厅印发《关于加强基层服务型党组织建设的意见》，强调党组织在非公有制经济组织中不仅要围绕生产经营开展工作，还要在职工群众中发挥政治核心作用和在企业发展中发挥政治引领作用。2017年10月修订的《中国共产党章程》第三十三条再次强调，非公有制企业中基层党组织，应当积极贯彻党的方针、政策，正确引导和监督企业遵守国家的法律法规，……维护各方的合法权益，以促进企业健康发展。该规定对民营企业党组织的功能定位、领导机制以及作用发挥等方面作了更为明确的界定，标志着我国民营企业党组织建设迈进了成熟期。2017年党的十九大报告指出："我国经济已由高速增长阶段转向高质量发展阶段。"党的二十大报告中也指出，高质量发展是全面建设社会主义现代化国家的首要任务。现阶段的重要目标就是推动我国经济的高质量发展，而这一目标的实现不仅需要依靠市场运行，更需要将党的领导与市场有效运行相结合。2021年6月，中共中央印发的《中国共产党组织工作条例》进一步明确强调，必须大力加强企业等基层党组织建设，使之成为宣传党的主张、落实党的决定、引领基层治理、推动改革发展的战斗堡垒。实践中，2021年6月党内统计公报显示，已有151.3万家企业建立了党组织，基本上实现了应建尽建。这为民营企业党组织发挥作用机制提供了现实基础和条件。

纵观民营企业党组织治理的历史发展进程，党组织在民营企业治理结构中的关键作用日益突出，从而形成了一种普遍的政治和经济现象（郑登

---

① 中共中央党史和文献研究院. 十八大以来重要文献选编（上）[M]. 北京：中央文献出版社，2014：351-352.

津 等，2020a；郑登津 等，2020b；郑登津 等，2022）。民营企业党组织虽与"政"完全分离，不对公司行为决策产生直接作用，但在经营活动和决策方面一直发挥着重大的间接作用，在公司治理制度中承担着政治和思想引导、监督、保障及政治核心的作用（薛飞，2002；何轩、马骏，2018）。随着党组织在民营企业中领导地位的加强，党组织也开始在民营企业微观决策中发挥其治理效应（Yu & Chen，2021）。民营企业党组织治理的发展历程如表 2.3 所示，出台的相关文件及规定如表 2.4 所示。

表 2.3　民营企业党组织治理的发展历程

所处阶段	发展历程
1978—1991 年（萌芽期）	民营企业的政治地位尚未确立，民营企业中建立党组织多表现为个别企业的自发性行为，具有规模小和辐射地区少等特点
1992—2000 年（探索期）	民营企业的政治地位得以确认。民营经济要充分发挥党的组织优势，把党建设成为坚强的领导核心
2001—2012 年（发展期）	党组织在非公有制企业中的政治核心地位。民营企业党的建设把扩大组织和工作覆盖作为工作重点方向，将党建工作与企业的生产经营活动结合起来
2013 年至今（成熟期）	民营企业党组织逐步实现全覆盖。随着党组织在民营企业中领导地位的加强，党组织也开始在民营企业微观决策中发挥其治理效应

表 2.4　民营企业党组织治理的相关文件及规定

年份	相关文件及规定
2000	《关于在个体和私营等非公有制经济组织中加强党的建设工作的意见（试行）》，要求符合条件的都应建立党组织并开展党活动
2005	《公司法》规定公司应当为党组织的活动提供必要条件
2012	《关于加强和改进非公有制企业党的建设工作的意见》要求党组织在企业中发挥政治引领作用
2017	修订后的《中国共产党章程》进一步强化了党组织在企业中的法定地位
2019	修订后的《中国共产党党组工作条例》强调了党组工作制度化、规范化、程序化的重要作用
2021	中共中央发布的《中国共产党组织工作条例》进一步明确强调必须大力加强企业等基层党组织建设

2.2 理论基础

2.2.1 嵌入理论

"嵌入性"这个概念最早出现在著名学者卡尔·波兰尼的代表作《大转型：我们时代的政治与经济起源》中。尔后，这一概念又被 Granovetter（1985）在深度和广度两个层面上做了进一步的界定和延伸。依照 Granovetter（1985）的定义，可以说人们几乎所有的行为都该内嵌到社会关系网络中。经济行动者嵌入其所在的社会网络之中，并受到网络其他成员文化、价值规范的深刻影响。后来的学者将"嵌入"理念不断地扩展，将嵌入性细分为结构嵌入、认知嵌入、文化嵌入与政治嵌入等四种形式（Zukin & Dimaggio，1990）。尽管后来很多学者对嵌入性进行了多种分类，但嵌入理论的核心观点并未改变。"嵌入性"理论虽然多用于解释经济行为与社会结构之间的双向嵌入性，但当我们在考察更宽泛的研究课题时也会深受该理论的启发。基于该理论内涵，所有的政治行为、治理行为也同样被定义为是嵌入于社会结构、网络之中的。遵循这一理论逻辑，可以说民营企业党组织治理也是一种内嵌于社会网络和企业结构中的组织活动。嵌入理论不仅为民营企业党组织融入企业公司治理机制提供了一个全面的制度体系、完善的结构框架，赋予民营企业党组织治理更强的合法性和制度性，保证党组织发挥治理作用；也为民营企业党组织利用其所在的社会网络帮助民营企业获得外在的政治资源和经济资源，提供了更广泛的社会关系网络体系。总体而言，与该理论相关的已有研究成果为实证检验处于转型期的我国民营企业党组织治理提供了重要的理论视角和借鉴参考。

2.2.2 高层梯队理论

著名的高层梯队理论（upper echelons theory）最早由 Hambrick 和 Mason 在 1984 年提出。此理论认为，高管的行为表现实际是高管初期经验、价值观以及性格的直接映射，只有先了解高管的个人特质，才能更好地了解所在企业的行为和决策。该理论还认为，在研究中关注高管团队比关注单个高管更能有效反映管理层特质对公司行为和决策的影响。该理论的提出一度受到诸多学者的关注，并得出大量关于探讨高管性别、年龄、长相、教育背景等个人或团队特征对公司行为和决策影响的研究成果（陈英 等，2015；沈艺峰 等，2017）。后来，学者们也开始关注到高管早期经历对公司治理和行为决策的影响。如高管的从军经历（王元芳、徐业坤，2020）、海外经历（刘凤朝 等，2017；谢获宝 等，2019）、政治经历（林晚发 等，2018）、学术经历（周楷唐 等，2017；何平林 等，2019）等重要个人特质对企业行为决策的影响。该理论认为企业高管的价值观和企业决策行为之间存在着密切联系。可以说，企业决策行为实际上是高管价值观在该问题上的直接投射。

在民营企业党组织治理中，一方面，党的宗旨和使命使得党组织成员在关乎党和国家切身利益的决策事项时，往往表现出更为保守和稳健的态度，并带有明显的风险规避偏好。当党组织进入公司董事会、管理层和监事会后，保守稳健的态度和风险规避偏好潜移默化党组织成员的行为和决策选择，可能会不断提示信息披露决策中所面临的风险，引起其他高管对风险的主动管理，及时对公司行为进行纠偏和约束。此外，法律党章制度为党组织赋予了在民营企业中的思想政治和文化引领职能，党组织治理通过对党的宗旨和使命的传达、举办党团活动等，无形中会修正高管的价值观念，使得高管自觉塑造正确的价值判断，过滤掉操纵信息披露的价值选择（戴亦一 等，2017），在该价值观念的形成过程中，非党组织成员高管也会被动遵从党组织成员高管的风险偏好和价值选择，进而抑制企业进行信息披露操纵动机。另一方面，从党组织成员个体层面来看，党员是经过层层考核筛选等严格程序而选拔出的，有着较高的政治觉悟和个人能力与素养。党组织的管理、党员身份能够通过增强党组织的政治教育作用，以价值引领的方式将党的优秀文化和价值观融入和渗透企业的日常经营中，帮助党员高管塑造统一的价值观和道德标准，从而影响党员高管在公司治理过程中的决策行为，使得企业行为更加自律（王元芳、马连福，2021）。因此，本书试图基于该理论探讨党组织治理对民营上市公司信息披露质量的影响及作用路径。

2.2.3 资源依赖理论

自 Pfeffer 和 Salancik（1978）首次对资源依赖理论做出最全面的阐述后，该理论成为组织理论的重要理论流派。资源依赖理论认为，组织从外部环境中获取支持和资源，是组织生存和发展的关键。基于该理论，各个企业所拥有和控制的资源不仅差异性较大而且自由流动性很差，甚至有的资源无法在市场上进行定价交易。事实上，每个企业都不可能拥有发展所需的全部资源，因此，企业在发展过程中，为取得所需资源，就必须与外部拥有或控制着关键资源的其他组织或个体进行互动，这也就导致了企业对资源的依赖性。该依赖程度的大小则取决于所需资源的重要性和稀缺程度，企业往往会通过各种途径来改变这种依赖程度。

相较于国有企业，民营企业在外部资源的获取上处于劣势地位，在进行外部融资时面临着"身份歧视"和"规模歧视"，难以获取关键性的扶持政策和稀缺资源。民营企业设立党组织开展党建工作更能与党政组织接近，使企业得到上级党委、政府在政策上的指导和资金、技术、项目、信息等方面的帮助（梁雄军 等，2004），获取政府补助、政策信息以及银行贷款等多元资源（叶建宏，2017；沈永东、虞志红，2019；龚广祥、王展祥，2020；尹智超 等，2021），可以说这也是民营企业获取稀缺资源、打破企业发展资源困境的有效途径。因此，本书试图基于该理论探讨民营企业党组织治理对信息披露质量的影响及作用路径。

2.2.4 声誉理论

一般意义的声誉指的是荣誉、信誉等。声誉作为一种信号，可以反映主体的信息质量。该主体既可以指集体，也可以指个人。目前对于集体声誉的研究，多侧重于组织或企业声誉的方向。会计学家们认为声誉是一种资产，企业声誉是向公众展示业绩和财务状况的一个信号，而公司财务报告又会直接影响到公司的声誉（李延喜 等，2010）。

经济学领域引入声誉理论，主要核心观点认为声誉机制对人的行为具有约束激励作用（李延喜 等，2010）。最早意识到声誉是一种对个人隐形激励的是亚当·斯密。但最早把这种思想模型化的是 Fama（1980），他还提出了将经理市场竞争作为一种激励机制的先驱性构想，并认为，在缺乏企业内部激励的情景下，经理们也会被自身的未来职业生涯和所受到的外部市场压力的驱使而努力工作。声誉机制的约束作用更多体现的是一种负向激励，即当个体声誉受损产生的事后成本更高昂时，其对外积极表现的动机就越强。Tirole（1996）提出的集体声誉理论认为，我们都属于组织、文化和种族群体，我们的幸福和动机不仅取决于我们的声誉，还取决于与我们相关的集体声誉。该理论认为，集体声誉决定个人声誉，成员维护个人声誉的动机越强，集体声誉越好。而且集体声誉越好，个人声誉也会越好，集体声誉和个体声誉存在着相互影响的关系。

根据声誉理论，拥有党组织的企业可能会受到监管机构、媒体和投资者等公众的更多关注（梁建 等，2010）。企业一旦因虚假陈述、非法披露、延迟披露等披露问题被曝光，其社会声誉损失和社会成本远远大于罚款等直接经济损失（Karpoff & Lott，1993）。双重身份领导人和企业作为声誉共同体（李焰、王琳，2013），就参与到企业的党组织成员个人而言，也将受到更大的声誉损失（戴亦一 等，2017）。由于党的纪律比国法更为严格，党的纪律对企业双重领导人的行为会产生更严格的约束（吴秋生、王少华，2018）。一旦他们在党组织网络中的声誉受损，他们将遭受巨大的声誉损失和重建成本。因此，基于党组织有动机提高披露质量以保护其声誉，本书在进行研究时将该理论引入理论框架中。

2.3 本章小结

本章通过对我国党组织治理与国有企业治理结构和民营企业治理结构相融合的演变历史进行的系统梳理，发现中国特色社会主义党组织参与公司治理制度和体系是历史逻辑、理论逻辑和实践逻辑的有机结合，党组织在公司治理和经营中发挥着积极的监督治理、政治思想和文化引领的作用，从而形成了具有中国特色的现代公司治理架构，不仅推动着国有企业的良性发展，而且也在民营企业微观决策中发挥着治理效应。继而，在了解了党组织治理的制度背景基础上，本书进一步将理论分析和实证检验时所运用到的嵌入理论、高层梯队理论、资源依赖理论以及声誉理论逐一进行阐述。

3　民营企业党组织治理与财务重述

3.1　问题的提出

资本市场的有效运行和投资者合法权益保障的关键在于上市公司质量的显著提升。对处于转型期的中国来说，公司治理和信息披露制度不完善严重制约着企业高质量发展（Gul et al.，2010）。就信息系统而言，信息的传递遵循着"编制—披露—解读"的逻辑（卜君，2022），财务重述作为企业信息编制阶段的重要事件，是指上市公司对过去存在错误、差错或违规的财务报告进行更正并披露的行为（Herly et al.，2020），该行为可能是企业更正前期差错的主动意识，也可能是出于迎合社会对企业合法性诉求的被动行为，甚至是企业进行盈余操纵的常用手段（Lev，2003；Daniel，2019）。已有文献对财务重述影响因素进行了大量研究，并认为良好的治理机制能够有效提高财务报告质量。虽然孙诗璐（2020）考察了民营企业党组织治理对财务重述的影响，但并未进一步实证检验其内在作用路径，对此仍存在深入、系统地剖析和拓展的空间。鉴于此，本章提出以下几个拟验证的核心问题：第一，民营企业党组织治理是否显著抑制了财务重述？第二，党组织治理的不同参与对象对财务重述的影响是否产生了差异？第三，党组织治理抑制企业财务重述的中介传导路径是什么？第四，党组织治理与财务重述之间的关系是否会受到外部治理机制和制度环境的情境性影响？

3.2　理论分析与假设提出

目前我国民营企业主要通过两种渠道来建立政治关系，一是个体层面的政治吸纳，比如赋予民营企业高管党员、人大代表等政治身份，二是组织层面的基层党组织（姚靖，2021）。相较于个体层面的政治吸纳，组织层面的党组织嵌入更具有合法性和稳定性。党组织与董事会、监事会等的嵌入能够实现党组织与企业治理理念和主张的有机融合，发挥协同效应（蒋铁柱、沈桂龙，2006；马连福 等，2013；李世刚、章卫东，2018），加强民营企业内部监督和压力缓解机制，从而减少企业财务重述行为。

第一，企业党组织治理能够通过加强内部监督来抑制企业财务重述，表现为"内部监督机制"。内部控制是保证企业合法合规经营的重要机制（李文贵、邵毅平，2022），党组织作为一种新型治理力量嵌入企业公司治理活动，能够将党组织的政治优势、组织优势以及文化优势转化为民营企业公司治理过程中的监督和制约优势，从而在提高民营企业内部控制质量方面起着重要作用（吴秋生、王少华，2018；王梦凯 等，2022）。具体而言，董事会作为公司的决策主体，公司的财务报告质量受其直接监管。董事会的主要责任之一就是确保公司财务报表和相关披露的完整性（Masulis，2012）。组织内较高的信任度对制度有替代和保证作用，而党组织由于成员间拥有共同的信仰，表现出较高的信任度（蒋政，2006）。因此，党组织嵌入董事会能够提高董事会成员之间的信任度，降低沟通协调成本，增强信息传递的有效性（陈红 等，2018），更易获得与财务报告相关的一手信息（李涛、徐红，2022），将董事会的公司治理与党的政治监督有机统一起来，进一步提高董事会的监督效率和决策水平，从而降低管理者舞弊的概率（李世刚、章卫东，2018），确保财务信息的准确性。当党组织成员依法进入管理层时，作为党组织成员的管理者更倾向于扮演党和国家的"管家"角色（马连福 等，2013）。党的纪律和先进思想潜移默化地制约着作为党组织成员管理者的个人行为。随着党的纪律和先进思想的实践，其也可能对非党组织成员管理者产生溢出效应（程海艳 等，2020；郑登津 等，2020a；郑登津 等，2020b），从而在管理层中形成一种非正式的、无形的契约，促使管理者自觉约束自己的行为，减少操纵财务信息的动机。此外，监事会作为专门的监督机构，对企业的经营活动和财务状况进行监督。党组织作为监督新力量，与监事会职能上的重叠既有效推进党组织监督职能的履行，又能助力监事会更好行使对企业经营行为和结果的监督权，从而形成共同监督机制，及时地修正和监督企业生产经营，引导和监督企业遵守国家法律法规（初明利、贾元昌，2012），为提高财务报告质量提供良好的内部监督环境。

此外，党组织治理可以通过文化引领等柔性约束手段来完善企业内部控制质量，从而抑制企业财务重述行为（刘启亮 等，2013；杨明增、曹惠泽，2017）。从2014年发布的《关于推进诚信建设制度化的意见》，到党的十八大报告首次把"诚信"写入社会主义核心价值观体系，再到党的二十大报告进一步指出，要坚定文化自信，弘扬社会主义核心价值观，加强思想道德建设，推进诚信建设，完善诚信建设长效机制。党和国家高度重视诚信文化建设，诚信文化作为中华民族传统文化的核心理念，既是市场经济的基础，也是维护资本市场秩序必不可少的道德规范，指引和约束着市场参与主体的行为。已有研究表明，诚信文化能够提高信息在企业内部的传递效率，从而约束企业的财务重述行为（左锐 等，2018）。中国共产党自成立以来，一直是中华民族优秀文化和先进文化的继承者、弘扬者及践行者。同时，《中国共产党章程》规定，基层党组织要组织党员认真学习党的路线、方针、政策，学习党的基本知识、法律和业务知识。因此，基层党组织在公司中积极发挥先锋模范作用，开展企业文化建设工作，不仅以身作则践行中华民族诚信文化，还带头组织员工和管理者开展讲诚信、守党规等理念的党建活动。党组织的集中学习有助于企业塑造诚信、合法的企业文化。此外，人们会观察和模仿其他人的言行举止，尤其是当被观察者和模仿者具有较高的地位和权力时。因此，当党组织成员以身作则践行诚信品行时，企业的其他成员也会进行观察和模仿，进而促进企业塑造诚信、合法、高道德标准的企业文化，形成一种非正式隐形契约。总体而言，党组织作为中华民族诚信文化的积极践行者和传播者，能够积极推进上市公司诚信建设，引导企业其他人员将诚信理念内化于经营决策过程中，促使党组织的主张与企业的决策有效融合，对企业行为起到柔性约束，从而抑制企业财务重述，提高信息披露质量。

第二，党组织可以通过缓解企业融资压力来降低企业财务重述动机，表现为"压力缓解机制"。对企业而言，资金是企业开展一切经济活动的前提条件，企业对资金的过度依赖使得企业容易为了资金而进行财务操纵。尤其是对民营企业来说，在进行外部融资时普遍面临着"身份歧视"和"规模歧视"，较之国有企业，民营企业获得的资金更少、成本更高，从而面临更高的融资约束（祝继高、陆正飞，2011），这也是制约民营企业高质量发展的掣肘。因此，民营企业为打破发展困境，在面对过高融资约束时，会有强烈的财务重述动机（Dechow et al., 1996；Richardson et al., 2002；Burns & Kedia, 2006；何威风、刘启亮，2010；杜勇、胡红燕，2022）。依据嵌入理论，企业的经济行为和决策都会被所嵌入的社会关系和网络结构所影响（Granovetter, 1985）。首先，从社会网络结构来看，我国民营企业党组织作为嵌入党组织网络中的"神经末梢"，纵向嵌入社会党组织网络和横向嵌入企业内部治理结构（付景涛，2021）。当纵向嵌入社会党组织网络时，企业党组织成为传达党和国家政策信息的重要渠道。横向嵌入企业，不仅能够帮助企业了解党的方针政策、规章制度，增强企业的政策感知能力和解读能力（王舒扬 等，2019；徐细雄 等，2020），还能为企业的生存发展带来多元资源。这也就决定了党组织不仅在企业治理结构中承担着信息传递功能，其还是企业与党和政府之间资源依赖的重要桥梁。依据资源依赖理论，民营企业长期生产运营需要依赖各种资源，在我国特殊环境中，企业所需资源的主要外部提供主体往往是党和政府，他们对社会经济建设和资本市场主体的资源分配结果拥有较大的支配权。党组织作为企业组织层面的政治吸纳，是企业与政党的正式关联（Sun et al., 2015），具有更强的合法性和稳定性。党组织嵌入公司治理赋能企业内部治理体系，可以从外部为企业发展获取最佳信息和政策资源（龚广祥、王展祥，2020），精准了解各项政策法规，减少对政策、制度环境的误判（陈林、龙菲，2022）。其次，党组织治理是一种重要的声誉机制，党组织所承担的信息中介功能能够发挥增信效应（付佳迪、邱观建，2017；尹智超 等，2021），提升企业在金融机构中的信息等级，在企业获取外部资源时起到类似隐形担保作用，缓解银行与企业间的信息不对称，从而更容易从银行或国家其他机构获得贷款或政府补贴（Li et al., 2008；叶建宏，2017；严斌剑、万安泽，2020；肖炜诚，2021），并纠正企业通过寻租获得贷款的偏好（肖炜诚，2021）。最后，党组织具有的广泛社会网络不仅可以打通各个领域内党员沟通交流的壁垒，实现不同领域内信息的流通和资源的共享（李明伟、宋姝茜，2019），还有利于将民营企业的企业文化、诚信经营、发展规划等软信息传递给外部投资者，使得企业与外部投资者之间的信息不对称程度得以降低，从而缓解融资约束（贺康 等，2023），而企业融资约束的降低恰好可以降低企业为了资金而进行财务重述的动机。

然而，已有文献也指出，在"双向进入"中，党组织进入董事会治理、管理层治理和监事会治理所产生的监督效果存在显著差异。有研究认为，党组织进入董事会治理是企业提高公司治理水平的最佳途径（李世刚、章卫东，2018；乔嗣佳 等，2022）。相比高管层和监事会，董事会居于公司治理的核心地位，公司的财务报告质量受其直接监管（Masulis，2012），因此，党组织进入董事会所发挥的作用和影响更加有效（柳学信 等，2020；佟岩 等，2021；乔嗣佳 等，2022）。当党组织进入管理层治理时，由于财务重述既可能是管理者更正前期差错的主动意识，也可能是管理者出于迎合社会对企业合法性诉求的被动行为，表现出复杂、模糊的动机，这就可能会使管理者的操纵动机大于政治动因，从而弱化党组织治理对企业财务重述的抑制效果。当党组织进入监事会时，理论上看，党组织作为最高级别的监督机构与监事会职能上的重合有利于形成共同监督机制，引导和监督企业遵守国家法律法规，诚信经营（初明利、贾元昌，2012）；但实践证实，我国监事会监督不力一直被人们所诟病（李维安、王世权，2005；毛志宏、李丽，2022），长期存在的内部监督不力环境，为党组织与其形成相互配合、共同监督机制提供的条件可能有限。因此，党组织治理进入监事会很难有效破解监事会监督不力的局面。

基于以上理论分析，本章提出以下假设：

假设 3.1：民营企业党组织治理能够显著抑制企业财务重述。

假设 3.2：民营企业党组织治理对企业财务重述的抑制作用因其参与对象不同而不同。

3.3　研究设计

3.3.1　样本选择与数据来源

本章以 2007—2020 年沪深 A 股民营上市公司为样本，由于 2007 年新企业会计准则开始实施，才正式提出了重述概念（蔡贵龙 等，2021），故样本选取区间开始于 2007 年。然后按如下标准对数据进行筛选与整理：①对于 ST、＊ST 企业样本作剔除处理；②由于金融行业公司的财务数据比较特殊，本章作剔除处理；③剔除上市不足一年的公司样本；④剔除相关实证变量出现缺失值的公司样本。通过以上对数据的处理后，最终获得一份非平衡的面板数据共 18 165 个公司-年度观测值。为了避免异常数据对研究结论的干扰，本章对所有连续变量做上下 1% 水平的缩尾（winsorize）处理，并采用稳健标准误缓解异方差问题。

党组织治理数据来自国泰安（CSMAR）数据库及公司年报，并经过手工逐条收集和整理。其他公司治理和财务数据均来自国泰安（CSMAR）数据库。对于财务重述数据的收集，一方面来源于国泰安数据库中上市公司财务重述情况表中的年报重述，然后仅留存企业以前年度财务报告存在的重大会计差错数据，不包括公司并购决策及会计政策变更的情形（马晨等，2018）；另一方面，本章又进一步通过逐条阅读巨潮资讯网站发布的有关会计差错更正公告，手工搜集与整理出样本公司会计差错更正数据，最后与国泰安数据库中整理的财务重述样本进行合并。

3.3.2　变量定义

3.3.2.1　财务重述

本章所定义的财务重述主要指的是除了会计政策变更以及企业并购决策，上市公司以前年度财务报表存在重大会计差错的情形（马晨 等，2018）。财务重述公告中所更正年报对应的重述年度作为财务重述（Restate）的年度，若样本公司当年财务报告存在重大会计差错并在未来年度发布了相关更正的重述公告，则 Restate 取值 1，否则为 0（马晨 等，2018；何慧华、方军雄，2021；刘柏、琚涛，2021；杜勇、胡红燕，2022）。考虑到上市公司一年中可能进行多次财务重述，本章在稳健性检验部分使用财务重述次数这一有序变量作为财务重述的代理指标。

3.3.2.2　党组织治理

党组织治理（Party）指标。对于该指标的刻画，一些研究采用党组织开展党的活动数量和党组织是否受到上级党委的表彰进行刻画（郑登津等，2020a；郑登津 等，2020b；郑登津 等，2022）。然而，企业可能会举行更多的党团活动和增加受表彰的机会以达到特定目标，因此可能存在严重的逆向因果内生性问题（佟岩 等，2021）。大多数研究主要采用公司"双向进入、交叉任职"的领导体制来进行刻画。"双向进入"可以基于"一手信息"发挥监督和制衡功效（乔嗣佳 等，2022），因此，本章主要参考马连福等（2013）、程海艳等（2020）、柳学信等（2020）、佟岩 等（2021）、罗昆和李亚超（2022）、乔嗣佳等（2022）的做法，采用"双向进入、交叉任职"的领导体制作为党组织治理的代理变量。同时考虑到，民营企业设立党组织并不是一种强制制度安排（叶建宏，2017；马骏 等，2021），若采用董事会、监事会和管理层中党组织成员所占比例不仅不能准确反映出党组织参与公司治理的程度（叶建宏，2017），而且也不符合正态分布性质（陈仕华、卢昌崇，2014）。本章则将党组织治理（party）设置为虚拟变量，即如果党组织成员进入董事会、管理层或监事会则取值为1，否则为0。此外，中国民营上市公司董事长大多数是企业的实际控制者，具有较高的话语权和决策权（戴亦一 等，2017）。而民营上市公司的董事长交叉任职方式又赋予了董事长更为集中的权力（乔嗣佳 等，2022），强化其话语权和决策权，从而更为有效地促进党组织在公司治理中的参与程度（王舒扬 等，2019）。因此，在稳健性检验部分，对于党组织治理指标，本章采用董事长是否兼任党委书记的虚拟变量进行测度。

3.3.2.3　控制变量

已有研究表明，公司财务特征和公司治理结构特征对上市公司财务重述行为的发生会产生较大影响。因此，本章参考先前研究的做法（戴亦一 等，2011；Abbott et al.，2012；何慧华、方军雄，2021；杜勇、胡红燕，2022），对公司财务特征以及公司治理特征对财务重述的影响变量给予控制：公司规模（Size）、资产负债率（Lev）、董事会规模（DireN）、独立董事比例（Indep）、两职合一（Dual）、股权集中度（Top1）、四大审计（Big4）、企业是否亏损（Loss）、资产收益率（ROA）、企业的成长性即营业收入增长率（Growth）、上市年龄（Lisage）、账面市值比（BM）、管理层持股比例（MS）等。为了控制企业所处年份和行业对研究的影响，本章还控制了年度虚拟变量（Year）以及行业虚拟变量（Ind）。此外，除了制造业采用二级行业分类标准，行业分类均采用证监会一级行业分类标准。具体变量定义见表3.1。

表3.1　变量定义

变量性质	变量名称	符号	具体定义
被解释变量	财务重述	Restate	样本公司当年财务报告存在重大会计差错并在未来年度发布了相关更正的重述公告，为1，否为0

表3.1(续)

变量性质	变量名称	符号	具体定义
解释变量	党组织治理	Party	虚拟变量，党组织成员进入董事会、管理层或监事会则取值为1，否则为0
		Party_dsh	虚拟变量，党组织成员进入董事会则取值为1，否则为0
		Party_ggt	虚拟变量，党组织成员进入管理层则取值为1，否则为0
		Party_jsh	虚拟变量，党组织成员进入监事会则取值为1，否则为0
控制变量	公司规模	Size	年末总资产额的自然对数
	资产负债率	Lev	总负债/总资产
	股权集中度	Top1	第一大股东持股比例
	董事会规模	DireN	董事会总人数
	独立董事比例	Indep	独立董事人数/董事会总人数
	两职合一	Dual	总经理和董事长为同一人，记为1，否则为0
	四大审计	Big4	被四大会计师事务所审计，记为1，否为0
	资产收益率	ROA	净利润/总资产
	企业成长性	Growth	(本期营业收入−上期营业收入)/上期营业收入
	是否亏损	Loss	虚拟变量，若净利润小于0，记为1，否为0
	上市年龄	Lisage	企业当前年份−上市年份
	账面市值比	BM	股东权益/公司市值
	管理层持股	MS	管理层持股数/总股数
	行业	Ind	行业虚拟变量
	年度	Year	年份虚拟变量

3.3.3 模型设定

为考察民营企业党组织治理对企业财务重述行为的影响，本章采用Logit 回归模型对前文提出的研究假设进行检验：

$$\text{Restate} = a_0 + a_1 \text{Party} + a_2 \text{Size} + a_3 \text{Lev} + a_4 \text{Top1} + a_5 \text{Dire}N + a_6 \text{Indep} +$$
$$a_7 \text{Dual} + a_8 \text{Big4} + a_9 \text{ROA} + a_{10} \text{Growth} + a_{11} \text{Loss} + a_{12} \text{Lisage} +$$
$$a_{13} \text{BM} + a_{14} \text{MS} + a_{15} \text{Ind} + a_{16} \text{Year} + \varepsilon \qquad (3.1)$$

其中，被解释变量 Restate 为财务重述，企业当年的财务报是否发生重大会计差错重述的二值变量；在稳健性检验部分，采用企业一年当中发生重大会计差错重述次数的有序变量进行测度。解释变量 Party 为党组织成员是否进入董事会、管理层或监事会的虚拟变量，同时控制了行业和年度固定效应。如果模型（3.1）中回归系数 a_1 显著为负，则说明党组织治理能够显著抑制民营企业财务重述，本章假设 3.1 成立。

3.4 实证检验结果与分析

3.4.1 描述性统计分析

相关变量的描述性统计结果汇报于表 3.2。具体为，财务重述 Restate 的均值为 0.037 2，表明我国民营企业发生财务重述的比重约为 4%。党组织治理变量方面：Party 的均值为 0.045 8，表明党组织在民营企业中的参与度相对仍普遍较低。进一步细分结果显示，党组织进入董事会、管理层和监事会的均值分别为 0.030 5、0.008 0、0.011 3，表明党组织进入董事会的比重相对最大，其次是监事会、最后是管理层，但从整体来看，其参与度普遍较低。控制变量方面：公司规模均值为 21.808 9，董事会规模均值为 8.265 8，资产负债率均值为 0.393 0，独立董事占董事会总人数的比例均值为 37.672 5，约有 35.89% 的公司存在董事长和总经理兼任情况，公司是否被四大审计的均值为 0.032 8，第一大股东持股比例均值 31.697 1，企业成长性均值为 0.382 1，资产收益率均值为 0.043 2，约有 10.21% 的公司发生亏损，民营企业上市年龄均值为 7.910 7，账面市值比均值为 0.333 6，管理层持股比例均值为 18.808 3。与先前文献相比，各控制变量总体分布均在合理的范围之内。

表 3.2　主要变量的描述性统计

变量	观测值	均值	标准差	最小值	中位数	最大值
Restate	18 165	0.037 2	0.189 3	0.000 0	0.000 0	1.000 0
Party	18 165	0.045 8	0.209 1	0.000 0	0.000 0	1.000 0
Party_dsh	18 165	0.030 5	0.172 0	0.000 0	0.000 0	1.000 0
Party_ggt	18 165	0.008 0	0.089 0	0.000 0	0.000 0	1.000 0
Party_jsh	18 165	0.011 3	0.105 9	0.000 0	0.000 0	1.000 0
Size	18 165	21.808 9	1.081 4	19.416 6	21.703 4	25.007 0
DireN	18 165	8.265 8	1.536 7	2.000 0	9.000 0	18.000 0
Lev	18 165	0.393 0	0.197 6	0.045 4	0.383 4	0.880 3
Indep	18 165	37.672 5	5.278 2	30.770 0	36.360 0	57.140 0
Dual	18 165	0.358 9	0.479 7	0.000 0	0.000 0	1.000 0
Big4	18 165	0.032 8	0.178 0	0.000 0	0.000 0	1.000 0
Top1	18 165	31.697 1	13.848 1	8.198 2	29.769 6	70.773 8
Growth	18 165	0.382 1	1.022 2	−0.814 6	0.140 8	7.358 4
ROA	18 165	0.043 2	0.072 0	−0.298 6	0.043 6	0.240 4
Loss	18 165	0.102 1	0.302 8	0.000 0	0.000 0	1.000 0
Lisage	18 165	7.910 7	6.325 9	1.000 0	6.000 0	30.000 0
BM	18 165	0.333 6	0.158 8	0.037 8	0.312 7	0.775 8
MS	18 165	18.808 3	21.072 2	0.000 0	9.226 6	73.748 8

3.4.2　相关性分析

表 3.3 报告了主要变量的 Pearson 相关性分析结果。结果表明，Party（党组织治理）与 Restate（财务重述）之间的相关系数在 5% 的水平下显著负相关，说明民营企业党组织治理能够显著抑制企业财务重述，初步证明了本章的假设 3.1。此外，其他相关变量间的相关性均小于 0.5，意味着各相关变量间未表现出严重的多重共线性问题。

表 3.3 相关性分析

	Restate	Party	Size	DireN	Lev	Indep	Dual	Big4	Top1	Growth	ROA	Loss	Lisage	BM	MS
Restate	1														
Party	-0.019**	1													
Size	0.019**	0.077**	1												
DireN	-0.012	0.096**	0.183**	1											
Lev	0.066**	0.076**	0.449**	0.113**	1										
Indep	0.021**	-0.060**	-0.060**	-0.591**	-0.033**	1									
Dual	-0.004	-0.073**	-0.093**	-0.137**	-0.094**	0.121**	1								
Big4	-0.021**	0.014	0.235**	0.070**	0.078**	-0.018*	-0.043**	1							
Top1	-0.039**	-0.019**	0.044**	-0.057**	-0.011	0.034**	0.047**	0.061**	1						
Growth	-0.010	0.003	0.013	-0.012	0.072**	0.027**	-0.019**	0.000	0.005	1					
ROA	-0.134**	-0.002	0.042**	0.048**	-0.326**	-0.030**	0.014	0.051**	0.171**	0.010	1				
Loss	0.113**	0.002	-0.064**	-0.047**	0.191**	0.031**	0.000	-0.025**	-0.111**	-0.019*	-0.677**	1			
Lisage	0.043**	0.161**	0.351**	0.084**	0.320**	-0.019**	-0.140**	0.072**	-0.188**	0.096**	-0.166**	0.131**	1		
BM	-0.031**	-0.030**	0.004	0.020**	-0.480**	-0.040**	0.011	-0.034**	0.061**	-0.080**	0.063**	-0.128**	-0.206**	1	
MS	-0.022**	-0.151**	-0.230**	-0.111**	-0.264**	0.069**	0.147**	-0.087**	0.034**	-0.044**	0.146**	-0.104**	-0.507**	0.208**	1

注：***、**、* 分别表示在 1%、5%、10% 水平下显著。

3.4.3　多元回归分析

3.4.3.1　民营企业党组织治理与财务重述

为了验证本章的研究假设 3.1，本章对模型（3.1）进行回归。民营企业党组织治理与财务重述的实证结果汇报于表 3.4。其中，列（1）为不加入一系列可能影响财务重述的控制变量时党组织治理（Party）和财务重述（Restate）的基准回归结果，Party 的回归系数为-0.608，在 5%水平下显著。就经济意义而言，Party（0.209 1）每增加一个标准差，财务重述的下降幅度相当于样本标准差的 67.14%。列（2）为加入了一系列控制变量后的回归结果，Party 的回归系数为-0.716，在 1%水平下显著。就经济意义而言，Party（0.209 1）每增加一个标准差，财务重述的下降幅度相当于样本标准差的 79.08%。由此可见，无论是从统计意义上还是经济意义上来讲，民营企业党组织治理均与财务重述之间都有着显著的负向关系。该实证结果与假设 3.1 的理论分析相一致，民营企业党组织治理可以加强对企业的内部刚性监督与柔性约束和缓解企业外部融资压力来抑制企业信息操纵行为，从而显著减少了企业财务重述。

表 3.4　民营企业党组织治理与企业财务重述

变量	Restate	
	（1）	（2）
Party	-0.608**	-0.716***
	(-2.444)	(-2.828)
Size		0.091*
		(1.808)
DireN		-0.001
		(-0.036)
Lev		0.738**
		(2.327)
Indep		0.016*
		(1.839)
Dual		-0.025
		(-0.292)
Big4		-0.966***
		(-2.799)

表3.4(续)

变量	Restate	
	（1）	（2）
Top1		−0.007**
		(−2.323)
Growth		−0.055
		(−1.319)
ROA		−4.666***
		(−6.823)
Loss		0.385**
		(2.539)
Lisage		0.014*
		(1.781)
BM		0.161
		(0.418)
MS		0.002
		(0.713)
Ind & Year	Yes	Yes
_cons	−3.363***	−5.685***
	(−12.432)	(−5.312)
Pseudo R^2	0.010 1	0.060 5
N	18 165	18 165

注：***、**、* 分别表示在1%、5%、10%水平下显著。

3.4.3.2　民营企业党组织治理不同参与对象与财务重述

由于党组织治理方式具有一定的差异性，本章进一步检验党组织治理的不同参与对象与企业财务重述之间的关系，即假设3.2。参考马连福等（2013）、Li 和 Chan（2016）、佟岩等（2021）的做法，分别采用党组织成员是否进入董事会（Party_dsh）、进入管理层（Party_ggt）以及进入监事会（Party_jsh）3个虚拟变量来衡量党组织治理指标。表3.5列（1）至列（3）分别汇报的是党组织治理3个变量与企业财务重述的回归结果。其中，列（1）中 Party_dsh 的回归系数为−0.722，且在5%的水平下显著，说明董事会居于公司治理的核心地位，党组织进入董事会治理能够显著抑制企业财务重述。列（2）和列（3）中 Party_ggt 和 Party_jsh 的回归系数均未通过负的显著性测验。当党组织进入管理层时未发挥显著的治理效果，表明企业财务重述的复杂、模糊的动机特性，诱使管理者的操纵动机大于政治动因，弱化了党组织治理在企业财务报告编制阶段对财务重述的抑制效应。当党组织进入监事会时未发挥显著的治理效果，表明党组织治理进入监事会仍未有效破解监事会监督不力的局面，其监督作用的有效发挥可能需要更长一段时间。以上结论支持了本章的假设 3.2。

表 3.5　民营企业党组织治理不同参与对象与财务重述

变量	Restate		
	（1）	（2）	（3）
Party_dsh	−0.722 **		
	（−2.317）		
Party_ggt		−0.299	
		（−0.582）	
Party_jsh			−0.492
			（−1.070）
Size	0.092 *	0.088 *	0.088 *
	（1.808）	（1.741）	（1.744）
Dire*N*	−0.002	−0.005	−0.006
	（−0.053）	（−0.171）	（−0.174）
Lev	0.737 **	0.742 **	0.739 **
	（2.323）	（2.334）	（2.328）
Indep	0.016 *	0.016 *	0.016 *
	（1.841）	（1.855）	（1.849）
Dual	−0.021	−0.017	−0.017
	（−0.250）	（−0.194）	（−0.204）
Big4	−0.956 ***	−0.955 ***	−0.963 ***
	（−2.771）	（−2.768）	（−2.789）
Top1	−0.007 **	−0.008 **	−0.007 **
	（−2.327）	（−2.367）	（−2.348）
Growth	−0.055	−0.055	−0.055
	（−1.308）	（−1.308）	（−1.318）
ROA	−4.688 ***	−4.705 ***	−4.701 ***
	（−6.857）	（−6.884）	（−6.879）
Loss	0.381 **	0.381 **	0.384 **
	（2.515）	（2.517）	（2.531）
Lisage	0.013 *	0.012	0.012
	（1.688）	（1.535）	（1.553）

表3.5(续)

变量	Restate		
	（1）	（2）	（3）
BM	0.155	0.159	0.159
	(0.401)	(0.412)	(0.412)
MS	0.002	0.002	0.002
	(0.783)	(0.868)	(0.840)
Ind & Year	Yes	Yes	Yes
_cons	−5.700***	−5.629***	−5.620***
	(−5.319)	(−5.254)	(−5.248)
Pseudo R^2	0.059 9	0.058 8	0.059 0
N	18 165	18 165	18 165

注：***、**、*分别表示在1%、5%、10%水平下显著。

3.5 进一步分析

3.5.1 作用路径检验

前文验证了民营企业党组织治理对企业财务重述带来的显著抑制作用，但前文的研究未解答民营企业党组织治理是从哪条路径影响财务重述这一问题。为此，本章进一步检验民营企业党组织治理对企业财务重述的作用路径。根据前文的理论分析提出两条可能的影响路径：第一，民营企业存在着公司治理不完善和人力资源有待提升的问题（初明利、贾元昌，2012），党组织能够通过发挥刚性监督约束功能和柔性文化引领作用有效提升民营企业的内部监督水平、决策质量（姚靖，2021），从而提高企业内部控制质量（吴秋生、王少华，2018；王梦凯 等，2022），而内部控制质量的提高能够显著减少企业财务重述行为的发生（刘启亮 等，2013；杨明增、曹惠泽，2017），表现为"内部监督机制"；第二，党组织作为党和政府之间沟通交流的桥梁，可以帮助企业获得更多的银行贷款、政府补贴、优惠政策等外部资源，有效缓解企业的融资压力（Li et al.，2008；叶建宏，2017；严斌剑、万安泽，2020；尹智超 等，2021；肖炜诚，2021），从而降低企业因融资约束而引起的财务重述动机，表现为"压力缓解机制"。因此，本章分别采用内部控制质量和融资约束作为民营企业党组织治理影响企业财务重述的中介变量。具体地，采用迪博（DIB）数据库中的内部控制指数（Icq）来作为企业内部控制质量的代理变量；采用 KZ 指数来衡量融资约束，借鉴 Lamont 等（2001）的做法，利用经营性净现金流、现金持有量、现金股利、负债程度和托宾 Q 值等五个因素作为融资约束的代理变量对公司进行分组赋值，其中，如果公司的现金持有量、经营性净现金流、现金股利这三个指标值小于该指标同年同行业中位数，则取1，否为0；如果公司的负债程度（资产负债率）和托宾 Q 值两个指标值大于该指标同年同行业中位数，则取1，否为0。这五个指标分别赋值后求和得出一个综合值，以该综合值为被解释变量，将五个指标作为解释变量，通过构建有序 Logit 回归得到每个公司的拟合 KZ 指数，来衡量企业融资约束程度，该 KZ 指数值越大，代表企业所面临的融资约束压力越大。为检验内部控制质量和融资约束的中介效应，本章参考温忠麟等（2004）的中介效应检验法，该检验方法因依次检验的检验力较低而受到一些质疑和批评，但这种检验力低主要表现在容易出现中介效应显著但实际结果却不显著的情况，这也就代表着检验力低的问题并不是必须考虑的（巫岑等，2022）。因此，本章采用三步法通过构建模型（3.2）至模型（3.4），以验证这两条作用路径，其中，MV 为中介变量，包括 Icq 和 KZ，其他变量同模型（3.1）。

$$\text{Restate} = \alpha_0 + \alpha_1 \text{Party} + a_2 \text{Size} + a_3 \text{Lev} + a_4 \text{Top1} + a_5 \text{Dire}N + a_6 \text{Indep} +$$
$$a_7 \text{Dual} + a_8 \text{Big4} + a_9 \text{ROA} + a_{10} \text{Growth} + a_{11} \text{Loss} + a_{12} \text{Lisage} +$$
$$a_{13} \text{BM} + a_{14} \text{MS} + a_{15} \text{Ind} + a_{16} \text{Year} + \varepsilon \qquad (3.2)$$

$$\text{MV} = \alpha_0 + \alpha_1 \text{Party} + a_2 \text{Size} + a_3 \text{Lev} + a_4 \text{Top1} + a_5 \text{Dire}N + a_6 \text{Indep} +$$
$$a_7 \text{Dual} + a_8 \text{Big4} + a_9 \text{ROA} + a_{10} \text{Growth} + a_{11} \text{Loss} + a_{12} \text{Lisage} +$$
$$a_{13} \text{BM} + a_{14} \text{MS} + a_{15} \text{Ind} + a_{16} \text{Year} + \varepsilon \qquad (3.3)$$

$$\text{Restate} = \alpha_0 + \alpha_1 \text{Party} + \alpha_2 \text{MV} + a_3 \text{Size} + a_4 \text{Lev} + a_5 \text{Top1} + a_6 \text{Dire}N +$$
$$a_7 \text{Indep} + a_8 \text{Dual} + a_9 \text{Big4} + a_{10} \text{ROA} + a_{11} \text{Growth} + a_{12} \text{Loss} +$$
$$a_{13} \text{Lisage} + a_{14} \text{BM} + a_{15} \text{MS} + a_{16} \text{Ind} + a_{17} \text{Year} + \varepsilon \qquad (3.4)$$

中介效应检验的回归结果如表 3.6 所示。其中，表 3.6 列（1）至列（3）汇报的是内部监督机制的检验结果。列（1）中 Party 的回归系数（-0.716）在1%水平下显著，与前文结论一致。列（2）中 Party 的回归系数（9.233）为5%水平下的显著，说明党组织治理显著提升了企业内部控制质量。列（3）中 Party 的回归系数（-0.685）在1%水平下显著，该系数值在加入了中介变量后有所下降但依然显著，Icq 的回归系数

（-0.002）在1%水平下的显著，说明内部监督机制在党组织治理与财务重述之间起到了中介效应。列（4）至列（6）汇报的是压力缓解机制的检验结果。其中，列（4）中 Party 的回归系数（-0.716）在1%水平下的显著，列（5）中 Party 的回归系数为-0.091，在5%水平下显著，列（6）中 Party 的回归系数（-0.702）在1%水平下显著，KZ 的回归系数为0.114，在1%水平下显著，说明压力缓解机制在民营企业党组织治理与财务重述之间存在中介效应。因此，从整体的检验结果可知，内部监督机制和压力缓解机制均在民营企业党组织治理与财务重述之间起到了中介传导作用，支持了"党组织治理→加强内部监督→抑制财务重述"的"内部监督机制"路径以及"党组织治理→缓解融资压力→抑制财务重述"的"压力缓解机制"路径。

表 3.6 作用路径检验

变量	Restate	Icq	Restate	Restate	KZ	Restate
	（1）	（2）	（3）	（4）	（5）	（6）
Party	-0.716***	9.233**	-0.685***	-0.716***	-0.091**	-0.702***
	（-2.828）	（2.228）	（-2.697）	（-2.828）	（-2.090）	（-2.775）
Icq			-0.002***			
			（-9.544）			
KZ						0.114***
						（3.459）
Size	0.091*	17.522***	0.138***	0.091*	-0.254***	0.125**
	（1.808）	（13.095）	（2.685）	（1.808）	（-17.776）	（2.440）
Dire*N*	-0.001	0.158	-0.001	-0.001	-0.022***	0.002
	（-0.036）	（0.216）	（-0.029）	（-0.036）	（-2.748）	（0.074）
Lev	0.738**	-31.809***	0.510	0.738**	4.866***	0.200
	（2.327）	（-3.986）	（1.599）	（2.327）	（53.576）	（0.571）
Indep	0.016*	0.253	0.018**	0.016*	0.003	0.016*
	（1.839）	（1.247）	（2.003）	（1.839）	（1.415）	（1.831）
Dual	-0.025	2.218	-0.018	-0.025	-0.012	-0.025
	（-0.292）	（1.254）	（-0.214）	（-0.292）	（-0.552）	（-0.294）
Big4	-0.966***	11.280**	-0.944***	-0.966***	-0.297***	-0.941***
	（-2.799）	（2.161）	（-2.730）	（-2.799）	（-5.120）	（-2.724）
Top1	-0.007**	0.140**	-0.007**	-0.007**	-0.006***	-0.007**
	（-2.323）	（2.378）	（-2.223）	（-2.323）	（-8.696）	（-2.134）

表3.6(续)

变量	Restate	Icq	Restate	Restate	KZ	Restate
	(1)	(2)	(3)	(4)	(5)	(6)
Growth	−0.055	2.032**	−0.043	−0.055	0.047***	−0.062
	(−1.319)	(2.062)	(−1.044)	(−1.319)	(3.904)	(−1.467)
ROA	−4.666***	466.540***	−3.486***	−4.666***	−12.302***	−3.984***
	(−6.823)	(18.379)	(−4.952)	(−6.823)	(−41.743)	(−5.584)
Loss	0.385**	−86.894***	0.174	0.385**	−0.803***	0.395***
	(2.539)	(−15.088)	(1.119)	(2.539)	(−16.920)	(2.631)
Lisage	0.014*	−2.426***	0.006	0.014*	0.026***	0.010
	(1.781)	(−11.322)	(0.777)	(1.781)	(12.255)	(1.352)
BM	0.161	−7.923	0.144	0.161	−2.643***	0.441
	(0.418)	(−0.941)	(0.377)	(0.418)	(−26.121)	(1.127)
MS	0.002	0.083*	0.002	0.002	−0.005***	0.002
	(0.713)	(1.954)	(0.882)	(0.713)	(−8.500)	(0.998)
Ind & Year	Yes	Yes	Yes	Yes	Yes	Yes
_cons	−5.685***	299.081***	−5.192***	−5.685***	7.226***	−6.592***
	(−5.312)	(11.127)	(−4.823)	(−5.312)	(25.065)	(−6.003)
Pseudo R^2/ R-squared	0.060 5	0.271 2	0.074 4	0.060 5	0.627 1	0.062 6
N	18 165	18 165	18 165	18 165	18 164	18 164

注：***、**、*分别表示在1%、5%、10%水平下显著。

3.5.2 异质性分析

公司治理作为企业信息披露质量的重要影响因素（伊志宏 等，2010），公司治理机制的优劣深刻影响着企业进行信息披露的决策。通过前文的检验，民营企业党组织治理能够通过发挥内部监督机制和压力缓解机制降低企业财务重述发生的概率。但是公司治理体系包括内部治理和外部治理两大机制（Gillan，2006），这两大机制间呈现出协调与互补的关系（李维安等，2019）。内部治理机制决定了财务报告内容的生成；外部治理机制虽不参与财务报告内容的生成，但良好的外部治理机制一方面可以为党组织治理发挥作用提供有利环境，另一方面可以间接监督和约束企业高管的机会主义行为，从而有效抑制企业财务重述。

然而，根据"法与金融"学派的观点，公司治理体系又在很大程度上内生于公司所处的外部制度环境。除了公司行为会受到市场化环境的直接影响，公司各治理机制作用的发挥也深受其间接影响（于忠泊 等，2012）。那么党组织治理作为一项重要的内部治理制度安排，其发挥的作用很大可能会受到市场化制度环境的影响。因此，本章进一步从企业外部治理机制和制度环境两个层面来分析民营企业党组织治理与财务重述之间的关系。

3.5.2.1 基于行业竞争的视角

在竞争程度不同的行业内，民营企业党组织治理对财务重述的影响可能会有所差异。一般来说，当企业面临更加激烈的行业竞争时，企业为了尽可能占领更大的市场份额，不得不实施低价竞争策略，导致企业较差的收益。而对于企业管理层来说，激烈的行业竞争会使得其面对更大的经营压力，在业绩糟糕时更有动机掩盖收益下滑的负面信息（司登奎 等，2021），从而可能导致管理者利用财务重述进行盈余操纵。因此，本章预测相比行业竞争程度低的企业，党组织治理对财务重述的负向影响在行业竞争程度高的企业中更显著。

为考察不同行业竞争程度是否会对实证结果产生不同影响，本章分组考察了公司所属行业竞争程度较高和较低时，民营企业党组织治理对财务重述的影响，并进行组间系数差异检验。本章使用赫芬达尔指数（HHI）衡量行业竞争度，它等于行业-年度内每个公司的营业收入所占比例的平方和。HHI 指数越低，表明行业内竞争越激烈。本章将小于 HHI 指数均值的企业划分为行业竞争度高组，大于 HHI 指数均值的企业划分为行业竞争度低组。

表 3.7 列（1）与列（2）汇报了行业竞争度如何影响民营企业党组织治理与财务重述之间关系的实证结果。所汇报的结果发现，在行业竞争度低组中党组织治理的系数不显著。在行业竞争度高组中党组织治理的系数在 1% 水平下显著，可能是由于在行业竞争较激烈时，企业的业绩表现较差，企业管理者的经营压力过大，所以会倾向于采取更为激进的信息操纵策略，从而使得党组织治理所发挥的作用更为显著。同时，采用 Bootstrap 抽样法检验组间系数差异的显著性，对应的经验 P 值为 0.020，该回归结果表明，行业竞争程度越高，党组织治理对企业财务重述的抑制作用越显著，说明民营企业党组织治理显著改善了行业竞争带来的财务重述。

3.5.2.2 基于行业管制的视角

我国正处于经济转型时期，企业所处的行业特征也会影响党组织治理发挥的作用效果（王元芳、马连福，2021）。管制行业往往能够获取垄断收益和发展所需的政策性支持（王梦凯 等，2022），管制行业与政府的关系密切，在某种程度上，还要承担起政治目标和社会目标，受到政府的约束和监督较大，从而降低受行业管制企业进行财务重述的动机。而对于非管制行业的企业来说，通常面临着激烈的市场竞争，外部市场环境不确定性较大，管理者具有较强的寻租动机，从而会增大企业进行财务重述的可能性。因此，本章预测，与管制行业企业相比，在非管制行业企业中，民营企业党组织治理对企业财务重述的抑制作用更为显著。

本章参考夏立军和陈信元（2007）的做法，按照行业分类指引代码把"信息技术业、采掘业、化学、塑胶、塑料、石油、电力、金属、非金属、煤气及水的生产和供应业、运输、传媒"划分为政府管制行业，其余行业为非政府管制行业。对模型（3.1）进行分样本回归，其结果如表 3.7 列（3）与列（4）所示，民营企业党组织治理与财务重述的负向关系在非管制行业分组中在 1% 水平下显著，而在管制行业分组中虽然为负但不具有显著性。同时，采用 Bootstrap 抽样法检验组间系数差异的显著性，对应的经验 P 值为 0.010，该回归结果显示，民营企业党组织治理对企业财务重述的抑制作用在非政府管制行业的企业中更为显著，也说明了民营企业党组织治理对于非政府管制行业企业财务报告质量的保证具有更为重要的作用。

表 3.7　基于行业竞争和行业管制视角

变量	Restate			
	（1） HHI 高	（2） HHI 低	（3） 行业管制	（4） 非行业管制
Party	−0.267	−1.229***	−0.120	−1.152***
	（−0.835）	（−2.924）	（−0.331）	（−3.161）
Size	0.097	0.091	0.067	0.103*
	（1.221）	（1.380）	（0.705）	（1.703）
DireN	−0.012	0.002	−0.039	0.007
	（−0.247）	（0.041）	（−0.625）	（0.179）
Lev	0.775	0.835**	0.337	0.967***
	（1.554）	（1.995）	（0.542）	（2.581）
Indep	0.025*	0.008	−0.009	0.023**
	（1.934）	（0.637）	（−0.500）	（2.272）
Dual	−0.060	0.004	−0.012	−0.029
	（−0.468）	（0.032）	（−0.076）	（−0.291）

表3.7(续)

变量	Restate			
	（1） HHI 高	（2） HHI 低	（3） 行业管制	（4） 非行业管制
Big4	-1.218^{**}	-0.828^{*}	-0.539	-1.212^{***}
	(-2.053)	(-1.944)	(-1.033)	(-2.623)
Top1	-0.003	-0.011^{**}	-0.004	-0.009^{**}
	(-0.639)	(-2.551)	(-0.657)	(-2.250)
Growth	-0.066	-0.052	-0.168^{**}	0.015
	(-1.013)	(-0.923)	(-2.090)	(0.294)
ROA	-5.810^{***}	-3.943^{***}	-5.005^{***}	-4.576^{***}
	(-5.452)	(-4.374)	(-3.878)	(-5.639)
Loss	0.212	0.504^{**}	0.540^{*}	0.304^{*}
	(0.908)	(2.515)	(1.958)	(1.669)
Lisage	0.006	0.017^{*}	0.008	0.018^{**}
	(0.512)	(1.780)	(0.589)	(1.967)
BM	0.221	0.183	0.159	0.215
	(0.374)	(0.355)	(0.207)	(0.478)
MS	0.003	0.000	0.004	0.001
	(0.846)	(0.016)	(0.925)	(0.231)
Ind & Year	Yes	Yes	Yes	Yes
_cons	-6.267^{***}	-5.421^{***}	-4.164^{**}	-6.244^{***}
	(-3.893)	(-3.624)	(-2.094)	(-4.844)
Pseudo R^2	0.061 6	0.065 5	0.061 5	0.066 5
Test diff. (p-value)	0.020^{**}	0.010^{***}		
N	8 598	9 567	5 596	12 569

注：$***$、$**$、$*$分别表示在1%、5%、10%水平下显著。

3.5.2.3 基于媒体关注的视角

媒体作为外部公司治理的另一重要主体，对资本市场信息环境的改善和企业高管行为的约束治理作用日益凸显。Miller（2006）研究发现，媒体通过早期的调查分析，能够对会计欺诈行为的识别起到"看门狗"的作用，为资本市场提供有益的增量信息。在我国，媒体的治理功能主要通过媒体报道影响上市公司在资本市场上的声誉以及引起市场监管机构的行政介入来形成对被报道企业行为的约束。尤其是媒体的负面报道，更能引起人们对其负面信息的敏感度和关注度（Cianci & Falsetta，2008），将导致管理者承担更大的舆论压力或引起市场监管机构的行政介入，从而有效遏制企业财务重述行为（戴亦一 等，2011）。因此，本章预测民营企业党组织治理与财务重述之间的负向关系在媒体关注度低的公司样本中更为显著。

对于媒体关注指标，本章采用罗进辉等（2018）的做法，媒体关注变量等于上市公司年度媒体负面报道总数+1 的对数，该数值越大，说明公司的媒体关注度越高。具体地，如果企业媒体关注指数大于该指数的均值，则设置为媒体关注度高组；反之，则设置为媒体关注度低组。然后对分组样本进行回归检验，由表 3.8 汇报其结果。回归结果表明，Party 的回归系数在媒体关注度低的分组里为−1.195，且在 1% 水平下显著，在媒体关注度高的分组中虽然为负但不显著。进一步地，采用 Bootstrap 抽样法再次检验组间系数差异的显著性，所对应的 P 值为 0.050。该回归结果表明民营企业党组织治理与外部媒体治理机制产生了一种互补效应，当媒体治理监督力度低时，对企业财务重述起到更为显著的抑制作用。

表 3.8　基于媒体关注视角

变量	Restate	
	（1）媒体关注度高	（2）媒体关注度低
Party	−0.375	−1.195***
	（−1.231）	（−2.592）
Size	−0.028	0.225***
	（−0.394）	（2.906）
DireN	−0.012	0.017
	（−0.259）	（0.373）
Lev	0.685	0.781*
	（1.510）	（1.730）
Indep	0.018	0.017
	（1.401）	（1.349）
Dual	−0.050	0.002
	（−0.390）	（0.016）
Big4	−0.810*	−0.938
	（−1.901）	（−1.583）
Top1	−0.005	−0.009*
	（−1.189）	（−1.842）
Growth	−0.216***	0.043
	（−2.838）	（0.864）

表3.8(续)

变量	Restate	
	（1）媒体关注度高	（2）媒体关注度低
ROA	−4.674***	−4.855***
	(−4.547)	(−5.197)
Loss	0.408*	0.304
	(1.864)	(1.426)
Lisage	0.010	0.016
	(0.881)	(1.565)
BM	0.426	−0.110
	(0.755)	(−0.200)
MS	0.002	0.003
	(0.524)	(0.882)
Ind & Year	Yes	Yes
_cons	−3.661**	−8.489***
	(−2.282)	(−5.254)
Pseudo R^2	0.083 0	0.057 8
Test diff.（p-value）	0.050**	
N	7 976	10 189

注：***、**、* 分别表示在1%、5%、10%水平下显著。

3.5.2.4 基于法制环境的视角

根据"法与金融"学派的观点，公司治理体系在很大程度上内生于公司所处的外部制度环境。除了公司行为会受到市场化环境的直接影响，公司各治理机制作用的发挥也深受其间接影响（于忠泊 等，2012）。党组织治理作为一项重要的内部治理制度安排，其发挥的作用很大可能会受到市场化制度环境的差异性影响。

然而，我国不同区域的法制环境因深受不同经济发展水平的影响，从而表现出显著差异性（王小鲁 等，2019）。在法制环境较好的地区，相应的法律制度更为成熟和完善，市场完善程度也相对较高，为保障党组织治理在民营企业公司治理结构中的嵌入效率和执行效力提供了有利的外部环境（方红星 等，2017）。因此，本章预测，相比于法制环境差的地区，民营企业党组织治理对企业财务重述的抑制作用在法制环境较好的地区更强。

本章参考于明洋等（2022）、方红星等（2017）的做法，对于法制环境变量的衡量，采用王小鲁等（2019）发布的《中国分省份市场化指数报告》中的"市场中介组织的发育和法律制度环境"分项指数。具体地，如果企业注册地的该分项指数大于该分项指数的行业均值，则设置为法制环境好组；反之，则设置为法制环境差组，然后进行分组回归检验，由表3.9汇报其结果。回归结果表明，Party 的回归系数在法制环境好的分组里为−1.481，且在 1%水平下显著；在差的分组中虽然为负但不显著。进一步地，采用 Bootstrap 抽样法再次检验分组间系数差异的显著性，所对应的 P 值为 0.000。该回归结果表明良好的外部法制环境强化了民营企业党组织治理对企业财务重述的抑制作用。

表 3.9　基于法制环境视角

变量	Restate	
	（1） 法制环境好	（2） 法制环境差
Party	−1.481***	−0.213
	（−2.903）	（−0.715）
Size	0.147**	−0.005
	（2.265）	（−0.062）
Dire$N$	−0.015	0.025
	（−0.336）	（0.531）
Lev	0.289	1.462***
	（0.721）	（2.799）
Indep	0.009	0.024*
	（0.735）	（1.835）
Dual	−0.206*	0.296**
	（−1.878）	（2.157）
Big4	−0.891**	−1.317*
	（−2.262）	（−1.816）
Top1	−0.009**	−0.004
	（−2.092）	（−0.800）
Growth	−0.071	−0.038
	（−1.246）	（−0.605）
ROA	−4.362***	−5.657***
	（−5.151）	（−4.670）
Loss	0.503***	0.110
	（2.588）	（0.446）

表3.9(续)

变量	Restate	
	(1) 法制环境好	(2) 法制环境差
Lisage	−0.003 (−0.256)	0.047 *** (3.615)
BM	0.005 (0.012)	0.434 (0.657)
MS	−0.003 (−0.884)	0.011 *** (2.599)
Ind & Year	Yes	Yes
_cons	−6.179 *** (−3.974)	−4.981 *** (−3.071)
Pseudo R^2	0.070 7	0.064 5
Test diff. (p-value)	0.000 ***	
N	10 949	7 216

注：***、**、* 分别表示在1%、5%、10%水平下显著。

3.6 稳健性检验

本章的研究结果可能受到样本自选择、反向因果、遗漏变量等内生性问题的干扰，为了保证研究结果的可靠性，本章主要进行了以下稳健性检验：

3.6.1 采用 Probit 模型

为了验证所选模型的适当性，本章使用 Probit 模型对主回归进行了重新检验。表3.10列（1）对应的回归结果来看，在替换了回归模型后，党组织治理 Party 的回归系数依然显著为负，表明本章主要结论相对稳健。

3.6.2 更换财务重述指标

考虑到上市公司一年中可能进行多次财务重述，因此，本章使用财务重述次数这一有序变量作为财务重述的代理指标，使用有序逻辑模型进行重新回归，控制变量与模型（3.1）相一致，表3.10列（2）汇报的回归结果显示，党组织治理的回归系数为-0.640，在1%水平下显著，表明在替换了财务重述的代理指标后，结论依然稳健。

3.6.3 更换党组织治理指标

中国民营上市公司大多数董事长是企业的实际控制者，具有较高的话语权和决策权（戴亦一 等，2017）。而民营上市公司的董事长交叉任职方式又赋予了董事长更为集中的权力（乔嗣佳 等，2022），强化其话语权和决策权，从而更为有效地促进党组织在公司治理中的参与程度（王舒扬 等，2019）。因此，对于党组织治理指标，本章另外采用董事长是否兼任党委书记的虚拟变量进行测度。对模型（3.1）进行再次回归，从表3.10列（3）汇报的回归结果可以看出，党组织治理（Party）的回归系数为-0.740，且在10%水平下显著为负，表明本章主要结论保持不变。

3.6.4 删除政策影响时段样本

2012年11月召开了中国共产党第十八次全国代表大会，加大了党的建设力度，并于同年12月，中共中央政治局审议通过了中央八项规定。党的建设力度和中央八项规定的出台不仅对国有企业高管产生了较大的直接影响，对非公有制企业高管尤其是党员干部也产生了较大的间接约束。此外，2012年5月，印发的《关于加强和改进非公有制企业党的建设工作的意见（试行）》，明确了党组织在非公有制企业中的政治核心地位，民营企业和企业家一同被纳入党组织的制度层面范畴，有效解决了民营企业党建的制度障碍（章高荣，2019）。因此，为了避免党的十八大的召开和指导意见对研究结果的影响，本章重新对删除了2012年和2013年数据后的样本进行回归，结果如表3.10列（4）所示。Party的回归系数具有5%水平的负显著性，表明在剔除政策影响时段样本后，结果依然显著，也证明了本章的研究结论稳健。

表 3.10　Probit 模型、更换财务重述和党组织治理指标、剔除政策影响时段

变量	Restate			
	（1） Probit 模型	（2） 更换财务重述指标	（3） 更换党组织治理指标	（4） 剔除政策影响时段
Party	-0.310***	-0.640***	-0.740*	-0.657**
	(-2.928)	(-2.715)	(-1.745)	(-2.510)

表3.10(续)

变量	Restate			
	（1） Probit 模型	（2） 更换财务重述指标	（3） 更换党组织治理指标	（4） 剔除政策影响时段
Size	0.041*	0.064	0.090*	0.081
	(1.776)	(1.378)	(1.777)	(1.505)
DireN	−0.003	0.014	−0.004	0.006
	(−0.190)	(0.484)	(−0.115)	(0.178)
Lev	0.319**	0.854***	0.748**	0.944***
	(2.217)	(2.888)	(2.350)	(2.796)
Indep	0.008*	0.018**	0.016*	0.011
	(1.936)	(2.202)	(1.836)	(1.154)
Dual	−0.009	−0.060	0.006	−0.056
	(−0.244)	(−0.741)	(0.065)	(−0.606)
Big4	−0.395***	−0.859***	−0.956***	−1.293***
	(−2.864)	(−2.654)	(−2.770)	(−3.086)
Top1	−0.003**	−0.010***	−0.008**	−0.008**
	(−2.412)	(−3.261)	(−2.441)	(−2.299)
Growth	−0.026	−0.035	−0.055	−0.022
	(−1.405)	(−0.930)	(−1.323)	(−0.515)
ROA	−2.348***	−3.581***	−4.728***	−4.659***
	(−6.961)	(−5.921)	(−6.920)	(−6.499)
Loss	0.171**	0.545***	0.377**	0.359**
	(2.398)	(3.985)	(2.486)	(2.217)
Lisage	0.006*	0.013*	0.012	0.015*
	(1.815)	(1.789)	(1.513)	(1.833)
BM	0.050	0.137	0.148	0.287
	(0.291)	(0.374)	(0.382)	(0.685)
MS	0.001	0.002	0.002	0.000
	(0.692)	(1.042)	(0.878)	(0.146)
Ind & Year	Yes	Yes	Yes	Yes
_cons	−2.861***	−5.401***	−5.665***	−5.417***
	(−5.810)	(−5.447)	(−5.271)	(−4.778)
Pseudo R^2	0.061 3	0.064 4	0.065 1	0.066 1
N	18 165	18 165	18 165	15 612

注：***、**、*分别表示在1%、5%、10%水平下显著。

3.6.5 党组织治理滞后一期

由于党组织成员与企业其他高管之间形成配合需要时间以及党组织的影响力对企业财务重述行为产生影响也需要时间，民营企业党组织治理对企业财务重述的抑制效果可能存在一定的滞后性。本章将对党组织治理变量和控制变量采用上期数据进行重新回归以再次检验假设 3.1，该方法也在一定程度上缓解了反向因果关系带来的内生性问题。结果如表 3.11列（1）所示，滞后一期的党组织治理（Party）的回归系数为 -0.710，且在 5%水平下显著，表明民营企业党组织治理对公司的财务重述行为产生显著的负向影响，进一步支持了本章的结论。

3.6.6 倾向得分匹配法

民营企业党组织是否参与公司治理并非随机选择的结果，可能受到公司其他特征的影响，进而影响本章研究结论。为解决样本自选择所造成的内生性问题，本章采用倾向得分匹配法（PSM）加以检验。具体操作为，首先，依据是否存在党组织治理将样本分为实验组和控制组，将存在党组织治理的样本公司设置为实验组，不存在党组织治理的样本公司设置为控制组。其次，根据董事会规模（DireN）、资产负债率（Lev）、两职兼任（Dual）、总资产收益率（ROA）、审计质量（Big4）、企业成长性（Growth）、独立董事比例（Indep）、账面市值比（BM）、股权集中度（Top1）、企业上市年龄（Lisage）和管理层持股比例（MS）等变量，进行 1∶4 的邻近配对[①]（马骏 等，2021），然后通过 t 检验对匹配过程进行平衡性验证。从验证结果表 3.12 中可以看出，匹配后的各变量均值均没有明显差异，对应的标准化误差均小于 10%，证明该匹配是有效的。最后，运用模型（3.1）对经过匹配后所得到的 PSM 公司样本对假设 3.1 进行回归检验。表 3.11列（2）汇报的是匹配后进行回归的结果，可以发现，样本自选择问题被缓解之后，Party 的回归系数（-0.705）依然在 1%水平下显著，该结果意味着，在考虑了样本自选择的内生性问题后，本章的主研究结论并未发生变化。

---

① 采用 1∶1 和 1∶2 配对，其结果依然不变。

表 3.11　党组织治理滞后一期和倾向得分匹配法（PSM）

变量	Restate	
	（1） 党组织治理滞后一期	（2） 倾向得分匹配法
Party	−0.710**	−0.705***
	(−2.553)	(−2.609)
Size	0.137**	0.040
	(2.564)	(0.374)
DireN	−0.034	−0.102
	(−1.007)	(−1.415)
Lev	0.024**	2.192***
	(2.557)	(2.697)
Indep	0.365	0.037*
	(1.064)	(1.739)
Dual	−0.090*	−0.131
	(−1.839)	(−0.551)
Big4	−4.024***	−1.714*
	(−4.881)	(−1.682)
Top1	−0.006*	−0.011
	(−1.765)	(−1.454)
Growth	0.022	−0.134
	(0.246)	(−1.243)
ROA	−1.308***	−4.666**
	(−3.115)	(−2.554)
Loss	0.383**	0.192
	(2.192)	(0.543)
Lisage	0.014*	−0.013
	(1.687)	(−0.786)
BM	−0.240	0.293
	(−0.589)	(0.292)
MS	0.003	−0.032**
	(1.186)	(−2.154)
Ind & Year	Yes	Yes
_cons	−6.938***	−3.752*
	(−6.122)	(−1.695)
Pseudo R^2	0.042 9	0.103 5
N	16 753	3 520

注：***、**、*分别表示在1%、5%、10%水平下显著。

表 3.12 平衡性检验

| 变量 | Unmatched Matched | Mean | | %bias | %reduct \| bias \| | t-test | |
		Treated	Control			t	$p > \|t\|$
MS	U	4.243 5	19.507	−91.9	99.2	−20.65	0.000
	M	4.243 5	4.368 1	−0.8		−0.26	0.797
DireN	U	8.942 3	8.233 3	46.0	98.3	13.06	0.000
	M	8.942 3	8.93	0.8		0.16	0.875
Lisage	U	12.563	7.687 4	74.0	97.2	22.00	0.000
	M	12.563	12.7	−2.1		−0.40	0.686
Dual	U	0.199 52	0.366 53	−37.7	96.9	−9.84	0.000
	M	0.199 52	0.204 63	−1.2			0.795
Indep	U	36.223	37.742	−30.9	97.7	−8.12	0.000
	M	36.223	36.259	−0.7		−0.16	0.872
ROA	U	0.042 56	0.043 18	−0.9	−141.3	−0.24	0.810
	M	0.042 56	0.044 05	−2.2		0.46	0.646
Lev	U	0.461 66	0.389 73	36.9	92.9	10.29	0.000
	M	0.461 66	0.466 79	−2.6		−0.54	0.592
BM	U	0.311 81	0.334 66	−15.2	87.7	−4.06	0.000
	M	0.311 81	0.309 01	1.9		0.38	0.702
Top1	U	30.51	31.754	−8.7	83.8	−2.53	0.011
	M	30.51	30.711	−1.4		−0.28	0.780
Big4	U	0.044 47	0.032 19	6.4	92.7	1.94	0.052
	M	0.044 47	0.045 37	−0.5		−0.09	0.929
Growth	U	0.397 88	0.381 35	1.5	35.5	0.46	0.649
	M	0.397 88	0.387 21	1.0		0.19	0.852

3.6.7 工具变量法

民营企业党组织治理可能具有内生的性质，这就可能会因遗漏变量而使得其对财务重述的影响出现偏误，影响研究结论的可靠性。因此，本章参考王梦凯等（2022）的做法，选取的工具变量为民营企业党组织治理的行业均值（Party_m）。首先，企业经营发展会受环境和文化遵从的较大影响，同行业的企业之间不可避免地会相互观察和模仿组织结构和战略，如果同行业其他民营企业引入党组织到公司治理结构，会影响该企业自身的公司治理结构调整行为。因此，同行业党组织治理水平与企业自身的党组织治理水平高度相关，符合工具变量的相关性要求。其次，该企业的财务重述行为不容易受到同行业其他民营企业党组织治理行为的影响，在计算同行业民营企业党组织治理时，企业自身党组织治理不在考虑之内，这就合理满足了工具变量的外生性要求。

最后，以同行业其他民营企业党组织治理的均值作为工具变量，并运用两阶段最小二乘法进行回归。工具变量法的回归结果汇报于表 3.13，其中列（1）中可以看出，第一阶段回归的弱工具变量检验的 F 值为 314.748，远远大于经验标准值 10（Hausmana et al.，2005），通过了弱工具变量检验。第二阶段回归结果报告于列（2），结果显示，在控制了遗漏变量的内生性问题后，民营企业党组织治理与财务重述之间的回归系数为 -0.218，且在 1% 水平下显著。从该结果可看出，考虑了遗漏变量带来的内生性问题后，民营企业党组织治理仍然显著抑制公司财务重述，表明本章的结论相对稳健。

表 3.13　工具变量法

变量	Party（1）	Restate（2）
Party_m	8.164 *** （13.787）	
Party		-0.218 *** （-4.097）
Size	0.112 ** （2.487）	0.005 *** （2.774）
DireN	0.099 *** （3.842）	0.002 （1.326）
Lev	0.059 （0.194）	0.012 （1.067）
Indep	-0.032 *** （-3.506）	0.001 * （1.701）
Dual	-0.387 *** （-4.170）	-0.003 （-1.120）
Big4	-0.352 * （-1.868）	-0.025 *** （-3.038）
Top1	-0.009 *** （-3.077）	-0.000 * （-1.845）

表3.13(续)

变量	Party（1）	Restate（2）
Growth	−0. 034	−0. 003 **
	(−1. 055)	(−1. 993)
ROA	1. 433 *	−0. 236 ***
	(1. 775)	(−7. 729)
Loss	0. 038	0. 028 ***
	(0. 243)	(4. 301)
Lisage	0. 049 ***	0. 001 ***
	(7. 260)	(3. 381)
BM	0. 085	−0. 016
	(0. 245)	(−1. 216)
MS	−0. 045 ***	−0. 000
	(−11. 058)	(−0. 608)
Ind & Year	Yes	Yes
_cons	−4. 715 ***	−0. 074 *
	(−5. 127)	(−1. 834)
Pseudo R^2/ R-squared	0. 157 1	0. 000 0
F value of Weak IV test	314. 748	
N	18 163	18 163

注: *** 、 ** 、 * 分别表示在1%、5%、10%水平下显著。

3.7 本章小结

本章以 2007—2020 年沪深 A 股民营上市公司为研究对象，系统探讨党组织治理对民营上市公司财务重述的影响以及作用路径。研究发现：①党组织治理能够显著抑制民营上市公司财务重述。其中，党组织治理进入董事会的治理方式能够显著抑制民营上市公司财务重述，而党组织治理进入管理层和监事会的治理方式对于民营上市公司财务重述的抑制作用尚不明显。②党组织治理能够通过加强对民营上市公司的内部监督和缓解融资压力来有效降低企业发生财务重述的可能性。③党组织治理对民营上市公司财务重述的抑制作用受到外部治理机制和制度环境的影响。公司所面临的行业竞争度高、受到非行业管制、媒体关注度低以及公司注册地法制环境好时，党组织治理对民营上市公司财务重述的抑制作用更为明显。④为了验证本章结论的可靠性，分别通过更换财务重述指标、更换党组织治理指标、删除政策影响时段样本、通过采用改变回归模型、党组织治理滞后一期、倾向得分匹配法（PSM），以及工具变量法缓解内生性问题之后，本章的主回归结果依然成立。

本章研究具有如下几点启示：首先，党组织治理作为一种传统公司治理机制的重要补充发挥了有效的治理作用，能够显著抑制企业财务重述，提高民营上市公司信息披露质量，保护中小投资者利益。其次，党组织治理不同参与对象的治理效果呈现出差异性。党组织治理进入董事会的治理效果更好，在实践中应重视董事会党组织治理机制建设。党组织治理进入管理层和监事会的治理效果尚不明显，应当继续加强对管理层的监督约束机制和监事会监督制度的规范化，提高监事会的监督力度。最后，外部治理机制和制度环境在党组织进行有效治理和降低企业财务重述概率方面均发挥着重要作用。监管机构应为民营企业党组织治理发挥作用提供有利的外部治理机制和制度环境保障，充分发挥外部治理的监督约束功能，形成企业内部治理与外部治理机制、制度环境相互协调、相互补充的良好内外部环境。

4 民营企业党组织治理与信息披露违规

4.1 问题的提出

近年来，我国已出台的《公司法》《上市公司信息披露管理办法》及《关于进一步提高上市公司质量的意见》等多项法律法规，使得我国资本市场监管体制及法制体系等外部宏观治理环境得到较大改善，微观企业层面的内部治理水平也有所提升，但处于信息披露阶段的企业信息披露违规事件仍然频频发生。据统计，在2008—2020年，信息披露违规公司占上市公司样本总数的比重为56.67%，这种行为成为企业违规行为最主要的形式（李维安、李晓琳，2017），严重侵害了投资者利益，降低了上市公司质量。企业信息披露违规行为一直是会计和公司治理领域关注的重点问题，目前学者们主要从企业层面、高管个人层面和外部制度及机构监督层面对信息披露违规展开了丰富研究。但截至2023年年底，鲜有研究从民营企业党组织治理这一角度探讨信息披露违规的内部治理机制。与本章研究主题最相关的是王梦凯等（2022）的研究，验证了党组织对企业信息披露违规的抑制效应，且该抑制效应在国有企业中更明显，在民营企业中不显著。机制研究发现，党组织主要通过优化内部控制、规避企业风险，降低企业信息披露违规行为。与王梦凯等（2022）的研究不同的是，本章仅考察民营企业党组织治理对信息披露违规的影响；基于嵌入理论、声誉理论和高层梯队理论，构建"民营企业党组织治理—信息披露违规"的理论框架；探讨了外部治理机制和制度环境对两者关系的影响。因此，本章以民营企业党组织治理作为研究信息披露违规影响因素的切入点，并提出以下几个拟验证的核心问题：第一，民营企业党组织是否对信息披露违规发挥了治理有效性？第二，党组织治理的不同参与对象对信息披露违规的影响会产生何种差异？第三，党组织发挥信息披露违规治理有效性的中介传导机制是什么？第四，民营企业党组织治理对信息披露违规的影响是否会因外部治理机制和制度环境的不同而存在差异？

4.2　理论分析与假设提出

企业信息披露违规行为是公司治理存在缺陷的集中体现（Cohen et al.，2008；Khanna et al.，2015），反映了管理层的机会主义行为（Wang et al.，2010）和大股东的掏空行为（屈文洲、蔡志岳，2007；张晨宇、武剑锋，2020）。已有文献指出，上市公司发生信息披露违规的根源在于代理问题和企业经营风险（雷啸 等，2019；朱杰，2020）。因此，企业合规经营保障机制主要依赖于公司治理的完善和企业经营风险的降低。传统的公司治理机制并非完美的，屡屡发生的高管腐败和财务丑闻便是反映其所存在的制度漏洞和监管缺陷的例证（张弛，2017）。党组织治理的企业现代治理模式对传统公司治理机制的不足进行了很好的弥补（蒋铁柱、沈桂龙，2006；张弛，2017），有助于企业微观决策效率的提高和经营风险的下降，从而抑制民营企业信息披露违规。具体而言，党组织参与民营企业治理是如何通过加强内部监督和降低经营风险发挥积极的治理作用，从而对企业信息披露违规行为产生影响的呢？

第一，党组织治理完善了对于企业高管和经营决策的监督机制，强化了对企业经营决策行为的监督，提升了公司内部监督力度（马连福 等，2013；陈仕华、卢昌崇，2014；吴秋生、王少华，2018；王梦凯 等，2022），表现为"内部监督机制"。首先，我国民营企业主要存在第二类代理问题（张斌 等，2019）。企业信息披露违规行为不仅是管理者的机会主义行为，更是大股东为谋取私利的信息操纵行为（张晨宇、武剑锋，2020；黄顺武、李雪，2022）。党组织依法加入公司董事会、高管团队和监事会等内部治理机构，成为重要的公司治理参与主体，其重要职能便是监督和制衡企业高管人员（马连福 等，2013；陈仕华、卢昌崇，2014；王元芳、马连福，2014）。党组织进入公司治理结构中，能够直接地参与实际经营决策过程，加强对企业内部人的监督，尤其是重要领导人、关键岗位是否严格遵守国家法律法规、公司制度，对不符合政治原则和有损企业发展质量的董事会议案及时叫停（柳学信 等，2020），使内部人进行信息披露违规的机会大大减少。其次，党组织在监督大股东或管理层不当行为层面比外部治理主体具有更大的监督和制约信息优势和话语权，能够有效提高企业内部控制质量（吴秋生、王少华，2018；王梦凯 等，2022），而有效的内部控制能够对管理者的自利行为进行有力约束（卢锐 等，2011），发挥积极治理作用（Chong & Wong，2004；王元芳、马连福，2014；Li & Chan，2016；张弛，2017），促使企业决策行为更加自律（王元芳、马连福，2021），从而提升民营企业的内部管理水平和决策质量（姚靖，2021），减少企业信息披露违规行为（俞雪莲、傅元略，2017）。

第二，党组织对职业失业风险和声誉风险的考虑可以降低企业的经营风险，从而抑制信息披露违规行为，表现为"风险规避机制"。首先，高层梯队理论（upper echelons theory）（Hambrick & Mason，1984）认为，企业高管的职业、教育背景、社会地位、态度及风险偏好等对其认知和价值观产生决定性作用。党的宗旨和使命使得党组织成员在关乎党和国家切身利益的决策事项时，往往表现出更为保守和稳健的态度，并带有明显的风险规避偏好。因此，当党组织进入公司董事会、管理层和监事会时，保守稳健的态度和风险规避偏好潜移默化党组织成员的行为和决策选择，可能会不断提示信息披露决策中所面临的风险，引起其他高管对风险的主动管理，及时对公司行为进行纠偏和约束，遵守国家法律法规（郑登津 等，2020a；郑登津 等，2020b；程海艳 等，2020），从而降低企业信息披露违规的可能性。此外，法律党章制度为党组织赋予了在民营企业中的思想政治和文化引领职能，党组织治理通过对党的宗旨和使命的传达、举办党团活动等，无形中修正高管的价值观念，使得高管自觉塑造正确的价值判断，过滤掉操纵信息披露的价值选择（戴亦一 等，2017），在该价值观念的形成过程中，非党组织成员高管也会被动遵从党组织成员高管的风险偏好和价值选择，进而抑制企业进行信息披露违规的动机。其次，信息披露违规成本不仅包括公司因违规而受到监管层处罚的直接经济成本，还包括由此所带来的间接声誉损失成本（陆瑶 等，2012）。一旦企业信息披露违规行为被监管层发现，尽管监管部门的惩罚力度不大，但其社会声誉损失和社会成本要远大于罚款等直接经济损失（Karpoff & Lott，1993）。对于外部投资者来说，他们会更加关注被证监会发布立案公告、违规处罚公告等重大事件的公司，并会对这些事件表现出更为强烈的反应（Chen et al.，2005；吴溪、张俊生，2014）。同时，网络媒体对这些事件的负面报道还会强化投资者对事件发生的公司的关注度（Miller，2006；杨德明、令媛媛，2011），形成"聚光灯"效应，使得企业的信息披露违规成为监管部门的重点监督治理对象（黄顺武、李雪，2022），这提升了高管实施信息披露违规行为被发觉的可能性，增大了信息披露违规成本，从而降低企业进行信息披露违规的动机。最后，双重身份领导人和企业作为声誉共同体（李焰、王琳，2013）。企业信息披露违规行为不仅导致企业自身声誉的损失，就参与到企业的党组织成员个人而言，其将受到更大的声誉损失（戴亦一 等，2017）。比如，从社会网络结构来看，民营企业党组织不仅横向嵌入企业治理结构中，同时还纵向嵌入社会党组织网络（付景涛，2021）。由于党纪比国法更为严格，党的纪律对企业双重领导人的行为会产生更严格的约束（吴秋生、王少华，2018）。一旦违规行为在党组织社会网络中迅速传播，党组织成员的党内声誉会受到更为严重的损害，不仅阻碍其政治晋升或当选人大代表、政协委员等，还要接受党内处分，如《中国共产党纪律处分条例》第三十五条规定，党组织应依照条例对违反国家法律法规、企事业单位或者其他社会组织规章制度的党员给予党纪处分。由于公司的信息披露质量在一定程度上可以向市场传递企业党组织的治理有效性，对党组织的声誉起到一种保护作用；因此，党组织的风险规避态度以及职业声誉和党内声誉的约束机制使得其更有动机降低企业的经营风险，进而抑制企业信息披露违规行为。

然而，已有文献也指出，在"双向进入"中，党组织进入董事会治理、管理层治理和监事会治理所产生的监督效果存在显著差异。有研究认为，党组织进入董事会治理是企业提高公司治理水平的最佳途径（李世刚、章卫东，2018；乔嗣佳 等，2022）。相比高管层和监事会，董事会居于公司治理的核心地位，公司的财务报告质量受其直接监管（Masulis，2012）。因此，党组织进入董事会所发挥的作用和影响更加有效（佟岩 等，2021；柳学信 等，2020；乔嗣佳 等，2022）。当党组织进入管理层时，一方面，党组织通过道德、信念以及价值观等的塑造对党员管理者个人的利益偏好、行为选择进行了修正，党员管理者能够约束自身行为，表现出更高的道德标准（王元芳、马连福，2021），从而降低信息披露违规动机。

另一方面，兼任管理者的党组织成员与企业是声誉共同体（李焰、王琳，2013），党的纪律会对企业双重领导人的行为产生更加严格的约束作用（吴秋生、王少华，2018）。一旦违规行为在党组织社会网络中迅速传播，党组织成员的党内声誉会受到更为严重的损害，从而使得党员管理者会出于声誉的考虑，抑制企业信息披露违规行为。当党组织进入监事会时，理论上看，党组织作为最高级别的监督机构与监事会职能上的重合有利于形成共同监督机制，引导和监督企业遵守国家法律法规，诚信经营（初明利、贾元昌，2012），但实践证实，我国监事会监督不力一直被人们所诟病（李维安、王世权，2005；毛志宏、李丽，2022），长期存在的内部监督不力环境，为党组织与其形成相互配合、共同监督机制提供的条件可能有限。因此，党组织治理进入监事会很难有效破解监事会监督不力的局面。

基于以上理论分析，本章提出以下假设：

假设 4.1：民营企业党组织治理能够显著抑制企业信息披露违规行为。

假设 4.2：民营企业党组织治理对信息披露违规的抑制作用因参与对象不同而不同。

4.3　研究设计

4.3.1　样本选择与数据来源

本章以 2007—2020 年沪深 A 股民营上市公司为样本，然后按如下标准对数据进行筛选与整理：①对于出现 ST、＊ST 异常状况的企业样本作剔除处理；②由于金融行业公司的财务数据比较特殊，本章作剔除处理；③剔除上市不足一年的公司样本；④剔除观测值有空缺的公司样本。通过以上对数据的处理后，最终获得一份非平衡的面板数据共 18 916 家公司-年度观测值。为了避免异常数据对研究结论的干扰，对所有连续变量做上下 1% 水平的缩尾（winsorize）处理，并采用稳健标准误缓解异方差问题。

党组织治理数据来自国泰安（CSMAR）数据库及公司年报，并经过手工逐条收集和整理。信息披露违规数据、其他公司治理和财务数据均来自国泰安（CSMAR）数据库。

4.3.2　变量定义

4.3.2.1　信息披露违规

本章借鉴 Khanna 等（2015）、张晨宇和武剑锋（2020）、谷溪和乔嗣佳（2021）、潘子成等（2022）的做法，本章将虚列资产、虚构利润、虚假记载、披露不实、重大遗漏、推迟披露等与信息披露相关的违规界定为信息披露违规。遵循一般的研究方法（戴亦一 等，2017；朱杰，2020；黄顺武、李雪，2022；潘子成 等，2022），本章在主回归检验部分，采用信息披露违规倾向作为企业信息披露违规（Violation）的度量指标，即若样本公司当年因信息披露违规行为被证监会、交易所等监管机构发布处罚公告，Violation 取值为 1，否则为 0。在稳健性检验部分，采用信息披露违规次数进行度量，即证监会、交易所等监管机构对样本公司信息披露违规行为的处罚公告总数，形成非负离散取值的计数变量。

4.3.2.2　党组织治理

党组织治理（Party）指标。对于该指标的刻画，参考大多数研究的做法，具体见第 3 章对该变量的定义和度量方式。

4.3.2.3　控制变量

参考已有研究（Khanna et al.，2015；戴亦一 等，2017；朱杰，2020；张晨宇、武剑锋，2020；黄顺武、李雪，2022；潘子成 等，2022），本章控制了有关公司特征及公司治理特征等方面的变量：公司规模（Size）、董事会规模（DireN）、独立董事比例（Indep）、两职合一（Dual）、股权集中度（Top1）、四大审计（Big4）、资产负债率（Lev）、资产收益率（ROA）、企业的成长性即营业收入增长率（Growth）、上市年龄（Lisage）、是否亏损（Loss）等。为控制上市公司所处年份和行业的影响，本章还控制了年度虚拟变量（Year）和行业虚拟变量（Ind）。此外，除了制造业采用二级行业分类标准，其他行业分类均采用证监会一级行业分类标准。具体变量定义见表 4.1。

表 4.1　变量定义

变量性质	变量名称	符号	具体定义
被解释变量	信息披露违规	Violation	虚拟变量，样本公司在当年因信息披露违规行为受到证监会、交易所等监管机构处罚公告，Violation 取值为 1，否则为 0
解释变量	党组织治理	Party	虚拟变量，党组织成员进入董事会、管理层或监事会则取值为 1，否则为 0
		Party_dsh	虚拟变量，党组织成员进入董事会则取值为 1，否则为 0
		Party_ggt	虚拟变量，党组织成员进入管理层则取值为 1，否则为 0
		Party_jsh	虚拟变量，党组织成员进入监事会则取值为 1，否则为 0
控制变量	公司规模	Size	年末总资产额的自然对数
	资产负债率	Lev	总负债/总资产
	股权集中度	Top1	第一大股东持股比例
	董事会规模	DireN	董事会总人数
	独立董事比例	Indep	独立董事人数/董事会总人数
	两职合一	Dual	虚拟变量，总经理和董事长为同一人，记为 1，否则为 0
	四大审计	Big4	虚拟变量，公司由四大会计师事务所审计，记为 1，否为 0
	资产收益率	ROA	净利润/总资产
	上市年龄	Lisage	企业当前年份-上市年份
	是否亏损	Loss	虚拟变量，企业发生亏损，记为 1，否则为 0
	企业成长性	Growth	（本年营业收入-上年营业收入）/上年营业收入
	行业	Ind	行业虚拟变量
	年度	Year	年份虚拟变量

4.3.3　模型设定

为考察民营企业党组织治理对企业信息披露违规行为的影响，本章采用 Logit 回归模型对前文提出的研究假设进行检验。

$$Violation = a_0 + a_1Party + a_2Size + a_3Lev + a_4Top1 + a_5Loss + a_6DireN +$$
$$a_7Indep + a_8Dual + a_9Big4 + a_{10}ROA + a_{11}Lisage + a_{12}Growth +$$
$$a_{13}Ind + a_{14}Year + \varepsilon \qquad (4.1)$$

其中，被解释变量 Violation 为信息披露违规倾向的虚拟变量，即若样本公司在当年因信息披露违规而受到证监会、交易所等监管机构处罚公告，Violation 取值为 1，否则为 0。在稳健性检验部分，使用信息披露违规次数对信息披露违规进行度量，该变量为有序变量，然后采用泊松回归模型（Poisson）以验证党组织治理对信息披露违规次数的影响。解释变量 Party 为党组织成员进入董事会、管理层或监事会的虚拟变量，同时控制了行业和年度固定效应。如果模型（4.1）中回归系数 a_1 显著为负，则说明民营企业党组织治理能够显著抑制企业信息披露违规行为，本章假设 4.1 成立。

4.4　实证检验结果与分析

4.4.1　描述性统计分析

表 4.2 列出了相关变量的描述性统计结果。具体为，信息披露违规倾向 Violation 均值为 0.189 2，表明我国民营上市公司发生信息披露违规的比重较高。党组织治理变量方面：Party 的均值为 0.047 6，表明党组织在民营企业中的参与度仍普遍较低。进一步细分结果显示，党组织进入董事会、管理层和监事会的均值分别为 0.031 7、0.007 9、0.011 6，表明党组织进入董事会的比重相对最高，其次是监事会，最后是管理层，但从整体来看，其参与度普遍较低。控制变量方面：公司规模的均值为 21.800 8，董事会规模均值为 8.260 6，资产负债率均值为 0.394 6，独立董事比例均值为 37.687 0，董事长与总经理兼任均值为 0.357 6，是否为四大审计的均值为 0.032 6，第一大股东持股比例均值为 31.680 4，企业成长性均值为 0.385 7，资产收益率均值为 0.042 3，约有 10.53% 公司存在亏损情况，企业上市年龄均值为 8.011 0。与先前文献相比，各控制变量总体分布均在合理的范围之内。

表 4.2 主要变量的描述性统计

变量	观测值	均值	标准差	最小值	中位数	最大值
Violation	18 916	0. 189 2	0. 391 6	0. 000 0	0. 000 0	1. 000 0
Party	18 916	0. 047 6	0. 213 0	0. 000 0	0. 000 0	1. 000 0
Party_dsh	18 916	0. 031 7	0. 175 1	0. 000 0	0. 000 0	1. 000 0
Party_ggt	18 916	0. 007 9	0. 088 7	0. 000 0	0. 000 0	1. 000 0
Party_jsh	18 916	0. 011 6	0. 107 0	0. 000 0	0. 000 0	1. 000 0
Size	18 916	21. 800 8	1. 085 4	19. 416 6	21. 696 2	25. 007 0
Dire$N$	18 916	8. 260 6	1. 542 7	2. 000 0	9. 000 0	18. 000 0
Lev	18 916	0. 394 6	0. 198 4	0. 045 4	0. 384 8	0. 880 3
Indep	18 916	37. 687 0	5. 282 9	30. 770 0	36. 360 0	57. 140 0
Dual	18 916	0. 357 6	0. 479 3	0. 000 0	0. 000 0	1. 000 0
Big4	18 916	0. 032 6	0. 177 5	0. 000 0	0. 000 0	1. 000 0
Top1	18 916	31. 680 4	13. 851 3	8. 198 2	29. 736 0	70. 773 8
Growth	18 916	0. 385 7	1. 036 5	−0. 814 6	0. 140 5	7. 358 4
ROA	18 916	0. 042 3	0. 072 5	−0. 298 6	0. 043 0	0. 240 4
Loss	18 916	0. 105 3	0. 307 0	0. 000 0	0. 000 0	1. 000 0
Lisage	18 916	8. 011 0	6. 367 2	1. 000 0	6. 000 0	30. 000 0

4.4.2 相关性分析

主要变量的 Pearson 相关性分析结果汇报于表 4.3。结果表明，Party（党组织治理）与 Violation（信息披露违规）呈现出负向且显著的相关关系，初步证明了前文的假设 4.1。此外，其他相关变量间的相关性均小于 0.5，即主要相关变量之间未表现出严重的多重共线性现象。

表 4.3　主要变量相关性分析

	Violation	Party	Size	DireN	Lev	Indep	Dual	Big4	Top1	Growth	ROA	Loss	Lisage
Violation	1												
Party	-0.020**	1											
Size	0.012	0.079**	1										
DireN	-0.022**	0.101**	0.184**	1									
Lev	0.118**	0.079**	0.437**	0.107**	1								
Indep	0.016*	-0.063**	-0.062**	-0.591**	-0.033**	1							
Dual	0.003	-0.073**	-0.093**	-0.137**	-0.094**	0.120**	1						
Big4	-0.026**	0.019**	0.234**	0.074**	0.077**	-0.019**	-0.043**	1					
Top1	-0.093**	-0.016*	0.052**	-0.054**	-0.009	0.031**	0.047*	0.064**	1				
Growth	0.003	-0.002	0.013	-0.014	0.072**	0.029**	-0.016*	-0.001	0.007	1			
ROA	-0.201**	-0.006	0.051**	0.051**	-0.328**	-0.033**	0.015	0.049**	0.173**	0.012	1		
Loss	0.177**	0.008	-0.070**	-0.049**	0.194**	0.033*	-0.001	-0.022	-0.112**	-0.021**	-0.580**	1	
Lisage	0.105**	0.160**	0.340**	0.081**	0.323**	-0.021	-0.140**	0.068**	-0.184**	0.096**	-0.169**	0.134**	1

注：***、**、*分别表示在1%、5%、10%水平下显著。

4.4.3 多元回归分析

4.4.3.1 民营企业党组织治理与信息披露违规

为了验证本章的研究假设 4.1，本章对模型（4.1）进行回归。表 4.4 汇报了党组织治理与信息披露违规的回归结果。其中，列（1）为不加入一系列可能影响信息披露违规的控制变量时党组织治理（Party）和信息披露违规（Violation）的基准回归结果，Party 的回归系数为 -0.233，在 5% 水平下显著。在经济意义方面，Party（0.213 0）每增加一个标准差，企业信息披露违规的下降幅度相当于样本标准差的 12.67%。列（2）为加入了一系列控制变量后的回归结果，Party 的回归系数为 -0.415，在 1% 水平下显著。在经济意义方面，Party（0.213 0）每增加一个标准差，企业信息披露违规的下降幅度相当于样本标准差的 22.57%。由此可见，无论是从统计意义上还是经济意义上来讲，民营企业党组织治理均与企业信息披露违规之间有着显著的负向关系，支持了假设 4.1。表明民营企业党组织治理对于企业的信息披露违规行为产生了明显的抑制作用。

表 4.4　民营企业党组织治理与信息披露违规

变量	Violation	
	（1）	（2）
Party	-0.233**	-0.415***
	(-2.460)	(-4.201)
Size		-0.030
		(-1.335)
Dire$N$		-0.037**
		(-2.287)
Lev		0.976***
		(8.215)
Indep		-0.001
		(-0.248)
Dual		0.074*
		(1.798)
Big4		-0.313**
		(-2.467)
Top1		-0.013***
		(-8.171)

表4.4(续)

变量	Violation	
	(1)	(2)
Growth		−0.001
		(−0.055)
ROA		−3.573***
		(−9.307)
Loss		0.468***
		(6.009)
Lisage		0.025***
		(7.677)
Ind & Year	Yes	Yes
_cons	−1.912***	−0.957*
	(−11.916)	(−1.854)
Pseudo R^2	0.017 6	0.073 5
N	18 916	18 916

注：***、**、*分别表示在1%、5%、10%水平下显著。

4.4.3.2 民营企业党组织治理不同参与对象与信息披露违规

由于党组织治理方式具有一定的差异性，本章进一步检验民营企业党组织治理的不同方式对企业信息披露违规的影响。参考马连福等（2013）、Li 和 Chan（2016）、佟岩等（2021）的做法，分别采用党组织成员是否进入董事会（Party_dsh）、进入管理层（Party_ggt）、进入监事会（Party_jsh）3 个虚拟变量对党组织治理进行测度。表 4.5 列（1）至列（3）分别汇报的是党组织治理 3 个变量与企业信息披露违规的回归结果。其中，列（1）中 Party_dsh 的回归系数为−0.584，且在 1% 的水平下显著。说明董事会作为公司治理的核心，党组织成员进入董事会更有助于董事会充分发挥其监督约束功能（柳学信 等，2020），将董事会的治理机制和党组织的政治监督机制有效结合（李世刚、章卫东，2018），从而抑制管理者在信息披露决策过程中的机会主义行为（Masulis，2012）。列（2）中 Party_ggt 的回归系数为−0.531，在 5% 水平下显著，表明当党组织成员兼任管理者时，表现出更高的道德标准（王元芳、马连福，2021）和强烈的声誉保护意愿，从而显著降低了信息披露操纵动机。列（3）中 Party_jsh 的回归系数未通过负的显著性测验，该结果表明，党组织治理进入监事会仍未有效破解监事会监督不力的局面，其监督作用的有效发挥可能还需要更长一段时间。该研究结论支持了本章的假设4.2。

表4.5　民营企业党组织治理不同参与对象与信息披露违规

变量	Violation		
	（1）	（2）	（3）
Party_dsh	−0.584 ***		
	(−4.598)		
Party_ggt		−0.531 **	
		(−2.148)	
Party_jsh			−0.150
			(−0.830)
Size	−0.029	−0.032	−0.032
	(−1.309)	(−1.442)	(−1.442)
DireN	−0.036 **	−0.039 **	−0.040 **
	(−2.270)	(−2.469)	(−2.498)
Lev	0.976 ***	0.978 ***	0.975 ***
	(8.220)	(8.230)	(8.206)
Indep	−0.001	−0.001	−0.001
	(−0.236)	(−0.211)	(−0.227)
Dual	0.076 *	0.079 *	0.080 *
	(1.831)	(1.921)	(1.945)
Big4	−0.306 **	−0.307 **	−0.314 **
	(−2.413)	(−2.423)	(−2.475)
Top1	−0.013 ***	−0.013 ***	−0.013 ***
	(−8.166)	(−8.241)	(−8.208)
Growth	−0.001	−0.000	0.000
	(−0.062)	(−0.017)	(0.004)
ROA	−3.581 ***	−3.587 ***	−3.595 ***
	(−9.328)	(−9.348)	(−9.369)
Loss	0.466 ***	0.463 ***	0.464 ***
	(5.978)	(5.944)	(5.963)
Lisage	0.025 ***	0.024 ***	0.023 ***
	(7.627)	(7.287)	(7.179)
Ind & Year	Yes	Yes	Yes
_cons	−0.982 *	−0.910 *	−0.904 *
	(−1.902)	(−1.763)	(−1.751)
Pseudo R^2	0.073 8	0.072 7	0.072 5
N	18 916	18 916	18 916

注：*** 、 ** 、 * 分别表示在1%、5%、10%水平下显著。

4.5 进一步分析

4.5.1 作用路径检验

前文验证了民营企业党组织治理对企业信息披露违规带来的显著抑制作用，但前文的研究未解答民营企业党组织治理是从哪条路径影响信息披露违规这一问题。为此，本章进一步检验民营企业党组织治理对企业信息披露违规的作用路径。根据前文的理论分析提出两条可能的影响路径：第一，民营企业存在着治理不完善和人力资源有待提升问题（初明利、贾元昌，2012），党组织在监督大股东或管理层不当行为层面比外部治理主体具有更大的监督和制约信息优势和话语权，能够有效提高企业内部控制质量（吴秋生、王少华，2018；王梦凯 等，2022），而有效的内部控制能对管理者的自利行为进行有力约束（卢锐 等，2011），促使企业决策行为更加自律（王元芳、马连福，2021），从而提升民营企业的内部管理水平和决策质量（姚靖，2021），减少企业信息披露违规行为（俞雪莲、傅元略，2017；王梦凯 等，2022），表现为"内部监督机制"；第二，党组织出于对职业失业风险和声誉风险的考虑，当其进入公司董事会、管理层和监事会时，保守稳健的态度和风险规避偏好将潜移默化党组织成员的行为和决策选择，会不断提示信息披露决策中所面临的风险，引起其他高管对风险的主动管理，及时对公司行为进行纠偏和约束，降低企业的经营风险，从而抑制信息披露违规行为（王梦凯 等，2022），表现为"风险规避机制"。因此，本书分别采用内部控制质量和企业风险水平作为党组织治理影响企业信息披露违规的中介变量。本章采用迪博（DIB）数据库中的内部控制指数（Icq）来作为企业内部控制质量的替代变量；对于企业风险水平指标，主要借鉴余明桂等（2013）、Faccio 等（2011）的做法，利用行业调整后的公司收益波动率来衡量企业的风险水平，并计算企业在每个观测时段内的行业调整后的 ROA 的标准差，即（ROA_i）。ROA_i 为企业 i 对应年份的税息折旧及摊销前利润（EBITDA）与当年年末总资产的比率。为了计算波动率，需要使用行业平均值调整企业每年的 ROA，然后计算企业各观测周期（以三年为一个观测时段）经行业调整的 ROA 的标准差。具体的计算公式如下：

$$Risk_i = \sqrt{\frac{1}{N-1}\sum_{n=1}^{N}\left(ADJ\_ROA_{in} - \frac{1}{N}\sum_{n=1}^{N}ADJ\_ROA_{in}\right)^2} \mid N = 3$$

$$(4.2)$$

其中：

$$ADJ\_ROA_{in} = \frac{EBITDA_{in}}{ASSETS_{in}} - \frac{1}{X}\sum_{k=1}^{X}\frac{EBITDA_{kn}}{ASSETS_{kn}} \qquad (4.3)$$

本章采用三步法中介效应模型以验证这两条路径（温忠麟 等，2004）。具体三步法模型涉及三个步骤：首先，做民营企业党组织治理与信息披露违规的回归；其次，做民营企业党组织治理与中介变量的回归；最后，用中介变量和民营企业党组织治理对信息披露违规进行回归。具体所构造的模型如式（4.4）、式（4.5）、式（4.6）所示。

$$Violation = \alpha_0 + \alpha_1 Party + a_2 Size + a_3 Lev + a_4 Top1 + a_5 Loss + a_6 DireN +$$
$$a_7 Indep + a_8 Dual + a_9 Big4 + a_{10}ROA + a_{11}Lisage + a_{12}Growth$$
$$+ a_{13}Ind + a_{14}Year + \varepsilon \qquad (4.4)$$

$$MV = \alpha_0 + \alpha_1 Party + a_2 Size + a_3 Lev + a_4 Top1 + a_5 Loss + a_6 DireN +$$
$$a_7 Indep + a_8 Dual + a_9 Big4 + a_{10}ROA + a_{11}Lisage + a_{12}Growth +$$
$$a_{13}Ind + a_{14}Year + \varepsilon \qquad (4.5)$$

$$Violation = \alpha_0 + \alpha_1 Party + \alpha_2 MV + a_3 Size + a_4 Lev + a_5 Top1 + a_6 Loss +$$
$$a_7 DireN + a_8 Indep + a_9 Dual + a_{10}Big4 + a_{11}ROA + a_{12}Lisage +$$
$$a_{13}Growth + a_{14}Ind + a_{15}Year + \varepsilon \qquad (4.6)$$

作用路径检验的回归结果如表4.6所示。其中，表4.6列（1）至列（3）汇报的是内部监督机制的检验结果。列（1）中Party的回归系数（-0.415）在1%水平下显著，与前文结论一致。列（2）中Party的回归系数（11.324）在1%水平的显著，说明党组织治理显著提升了企业内部控制质量。列（3）中Party的回归系数（-0.384）在1%水平下显著，该系数值在加入了中介变量后有所下降，Icq的回归系数（-0.004）在1%水平的显著，说明内部监督机制在党组织治理与信息披露违规之间起到了中介效应。列（4）至列（6）汇报的是规避风险机制的检验结果。其中，列（4）中Party的回归系数（-0.415）在1%水平的显著。列（5）中Party的回归系数为-0.003，在1%水平显著，说明党组织治理明显降低了企业的风险水平。列（6）中Party的回归系数为-0.418，在1%水平显著，Risk的回归系数为3.609，在1%水平下显著，说明规避风险机制在党组织治理与信息披露违规之间存在中介效应。因此，从整体的检验结果可知，内部监督机制和风险规避机制均在民营企业党组织治理与信息披露违规之间起到了中介传导作用，支持了"党组织治理→加强内部监督→降低信息披露违规行为"的"内部监督机制"路径以及"党组织治理→降低企业风险水平→降低信息披露违规行为"的"风险规避机制"路径。

表 4.6　作用路径检验

变量	Violation	Icq	Violation	Violation	Risk	Violation
	(1)	(2)	(3)	(4)	(5)	(6)
Party	−0.415***	11.324***	−0.384***	−0.415***	−0.003***	−0.418***
	(−4.201)	(2.831)	(−3.782)	(−4.201)	(−2.626)	(−4.026)
Icq			−0.004***			
			(−23.132)			
Risk						3.609***
						(6.060)
Size	−0.030	16.058***	0.026	−0.030	−0.004***	−0.010
	(−1.335)	(12.935)	(1.116)	(−1.335)	(−9.095)	(−0.382)
DireN	−0.037**	0.177	−0.038**	−0.037**	0.000	−0.030*
	(−2.287)	(0.243)	(−2.347)	(−2.287)	(0.379)	(−1.693)
Lev	0.976***	−27.425***	0.852***	0.976***	−0.019***	0.899***
	(8.215)	(−4.070)	(6.980)	(8.215)	(−8.638)	(6.827)
Indep	−0.001	0.219	−0.000	−0.001	0.000	0.000
	(−0.248)	(1.064)	(−0.032)	(−0.248)	(1.286)	(0.011)
Dual	0.074*	2.435	0.089**	0.074*	0.001**	0.038
	(1.798)	(1.375)	(2.099)	(1.798)	(2.012)	(0.861)
Big4	−0.313**	11.853**	−0.297**	−0.313**	0.002	−0.254*
	(−2.467)	(2.270)	(−2.266)	(−2.467)	(1.491)	(−1.935)
Top1	−0.013***	0.143**	−0.012***	−0.013***	−0.000	−0.013***
	(−8.171)	(2.466)	(−7.854)	(−8.171)	(−0.416)	(−7.837)
Growth	−0.001	2.056**	0.006	−0.001	0.001**	0.002
	(−0.055)	(2.101)	(0.309)	(−0.055)	(2.248)	(0.071)
ROA	−3.573***	481.354***	−1.928***	−3.573***	−0.076***	−2.724***
	(−9.307)	(21.102)	(−4.787)	(−9.307)	(−7.852)	(−6.395)
Loss	0.468***	−89.525***	0.177**	0.468***	0.037***	0.416***
	(6.009)	(−16.094)	(2.171)	(6.009)	(23.937)	(4.755)
Lisage	0.025***	−2.497***	0.016***	0.025***	0.000***	0.025***
	(7.677)	(−13.081)	(4.596)	(7.677)	(6.758)	(6.881)

表4.6(续)

变量	Violation	Icq	Violation	Violation	Risk	Violation
	(1)	(2)	(3)	(4)	(5)	(6)
Ind & Year	Yes	Yes	Yes	Yes	Yes	Yes
_cons	−0.957*	330.122***	0.258	−0.957*	0.116***	−1.472**
	(−1.854)	(12.675)	(0.483)	(−1.854)	(14.494)	(−2.545)
Pseudo R^2/ R−squared	0.073 5	0.275 4	0.105 2	0.073 5	0.200 7	0.066 7
N	18 916	18 916	18 916	18 916	17 176	17 176

注：***、**、*分别表示在1%、5%、10%水平下显著。

4.5.2 异质性分析

公司治理作为企业信息披露质量的重要影响因素（伊志宏 等，2010），其优劣深刻影响着企业进行信息披露的决策。通过前文的检验，民营企业党组织治理作为一种特殊而重要的内部治理机制能够通过发挥内部监督机制和风险规避机制减少企业信息披露违规行为。但是公司治理体系包括内部治理和外部治理两大机制（Gillan，2006），这两大机制之间呈现协调与互补的关系（李维安 等，2019）。良好的外部治理机制，一方面可以为党组织治理发挥作用提供有利环境；另一方面可以间接监督和约束企业高管的机会主义行为，从而有效抑制企业信息披露违规行为。

然而，根据"法与金融"学派的观点，公司治理体系又在很大程度上内生于公司所处的外部制度环境。除了公司行为会受到市场化环境的直接影响，公司各治理机制作用的发挥也深受其间接影响（于忠泊 等，2012）。那么党组织治理作为一项重要的内部治理制度安排，其发挥的作用很大，并且可能会受到市场化制度环境的影响。因此，本章进一步从企业外部治理机制和制度环境两个层面来分析民营企业党组织治理与信息披露违规之间的关系。

4.5.2.1 基于行业竞争度的视角

在竞争程度不同的行业内，民营企业党组织治理对财务重述的影响可能会有所差异。一般来说，当面临更加激烈的行业竞争时，企业为了尽可能占领更大的市场份额，不得不实施低价竞争策略，导致企业较差的收益。而对于企业管理层来说，激烈的行业竞争会使得其面对更大的经营压力，在业绩糟糕时更有动机掩盖收益下滑的负面信息（司登奎 等，2021），从而可能导致企业利用信息披露进行盈余操纵。因此，本章预测相比行业竞争程度低的企业，党组织治理对信息披露违规的负向影响在行业竞争程度高的企业更显著。

为考察不同行业竞争程度是否会对实证结果产生不同影响，本章分组考察了公司所属行业不同的竞争程度对民营企业党组织治理与信息披露违规之间关系的差异性影响，并进行组间系数差异检验。对于行业竞争度指标，本章采用的是赫芬达尔指数（HHI），它等于行业-年度内每个公司的营业收入所占比例的平方和。HHI 指数越低，表明行业内竞争越激烈。本章将小于 HHI 指数均值的企业划分为行业竞争度高组，大于 HHI 指数均值的企业划分为行业竞争度低组。

表 4.7 列（1）和列（2）汇报了行业竞争程度如何影响民营企业党组织治理与信息披露违规之间关系的实证结果。所汇报的结果发现，在行业竞争程度低组中党组织治理的系数不显著。在行业竞争程度高组中党组织治理的系数在 1% 水平下显著，可能是由于在行业竞争较激烈时，企业获得的超额利润较低，企业管理者面临较大的经营压力，所以容易采取更为激进的信息披露操纵策略，从而使得党组织治理所发挥的作用更为显著。进一步，采用 Bootstrap 抽样法检验组间系数差异的显著性，对应的经验 P 值为 0.010。该回归结果表明，行业竞争程度越高，党组织治理对企业信息披露违规的抑制作用越显著，说明民营企业党组织治理显著改善了行业竞争带来的信息披露违规行为。

4.5.2.2 基于行业管制的视角

我国正处于经济转型时期，企业所处的行业特征也会影响党组织治理发挥的作用效果（王元芳、马连福，2021）。管制行业往往能够获取垄断收益和发展所需的政策性支持（王梦凯 等，2022），管制行业与政府的关系密切，在某种程度上，还要承担起政治目标和社会目标，受到政府的约束和监督较大，从而降低受行业管制企业进行信息披露违规操纵的动机。而对于非管制行业的企业来说，其通常面临着激烈的市场竞争，外部市场环境不确定度较大，管理者具有较强的寻租动机，从而会增大企业进行违规披露信息的可能性。因此，本章预测，与管制行业企业相比，在非管制行业企业中，民营企业党组织治理对企业信息披露违规的抑制作用更为显著。

本章参考夏立军和陈信元（2007）的做法，按照行业分类指引代码把"信息技术业、采掘业、化学、塑胶、塑料、石油、电力、金属、非金属、煤气及水的生产和供应业、运输、传媒"划分为政府管制行业,其余行业为非政府管制行业。对模型(4.1)进行分样本回归,其结果如表4.7列(3)和列(4)所示,党组织治理与信息披露违规的负向关系在非行业管制分组中在1%水平下显著,而在行业管制分组中虽然为负,但未通过显著性测试。同时,采用Bootstrap抽样法检验组间系数差异的显著性,对应的经验P值为0.068,该回归结果显示,民营企业党组织治理对企业信息披露违规的作用在非政府行业管制的企业中更为显著,也说明了民营企业党组织治理对于非政府行业管制企业财务报告质量的保证具有更为重要的作用。

表 4.7　基于行业竞争和行业管制视角

变量	Violation			
	(1) HHI 高	(2) HHI 低	(3) 行业管制	(4) 非行业管制
Party	-0.173	-0.594***	-0.256	-0.519***
	(-1.253)	(-4.209)	(-1.510)	(-4.232)
Size	-0.029	-0.032	-0.040	-0.025
	(-0.849)	(-1.106)	(-1.004)	(-0.916)
DireN	-0.006	-0.064***	-0.000	-0.050***
	(-0.260)	(-2.889)	(-0.009)	(-2.651)
Lev	0.720***	1.176***	1.110***	0.926***
	(3.911)	(7.463)	(4.836)	(6.633)
Indep	0.006	-0.008	0.006	-0.004
	(0.925)	(-1.268)	(0.655)	(-0.718)
Dual	0.033	0.107*	-0.011	0.103**
	(0.533)	(1.921)	(-0.140)	(2.117)
Big4	-0.597***	-0.134	-0.225	-0.353**
	(-2.755)	(-0.845)	(-1.098)	(-2.169)
Top1	-0.011***	-0.013***	-0.013***	-0.012***
	(-4.988)	(-6.331)	(-4.561)	(-6.565)
Growth	0.001	0.000	-0.041	0.050**
	(0.048)	(0.000)	(-1.383)	(2.018)
ROA	-3.889***	-3.296***	-2.568***	-3.968***
	(-6.529)	(-6.513)	(-3.478)	(-8.787)
Loss	0.397***	0.532***	0.625***	0.399***
	(3.376)	(5.093)	(4.360)	(4.283)

表4.7(续)

变量	Violation			
	（1） HHI 高	（2） HHI 低	（3） 行业管制	（4） 非行业管制
Lisage	0.023 ***	0.028 ***	0.024 ***	0.027 ***
	(4.258)	(6.562)	(3.898)	(6.857)
Ind & Year	Yes	Yes	Yes	Yes
_cons	−1.478 *	−0.307	−1.751 *	−0.752
	(−1.920)	(−0.429)	(−1.846)	(−1.209)
Pseudo R^2	0.058 2	0.086 7	0.070 4	0.077 2
Test diff.（p-value）	0.010 ***	0.068 *		
N	8 820	10 096	5 569	13 347

注：***、**、*分别表示在1%、5%、10%水平下显著。

4.5.2.3 基于分析师关注度的视角

分析师具备的专业知识能够及时发现并披露企业违规行为。一方面，分析师能够持续关注上市公司定期披露的信息，更好、更全面地掌握上市公司真实业绩，通过发布研究报告向市场传递公司的信息，对大股东和管理层形成一种无形的压力，迫使他们主动约束自己的机会主义行为（邱静、李丹，2022）。另一方面，对上市公司关注程度的增加会产生传染效应，会同时引起投资者、媒体等其他外部监督主体对该公司的更多关注（于忠泊 等，2011）。因此，随着分析师关注度的增加，企业的信息透明度也会增加（刘维奇、武翰章，2021），进而降低企业违规概率（邱静、李丹，2022）。基于此，本章预测民营企业党组织治理对信息披露违规的抑制作用在分析师关注度低的上市公司中会被加强。

对于分析师关注度的衡量，参考陈伟宏等（2018）、司登奎等（2021）的做法，选取每家公司当年所有分析师团队发布的研究报告数量作为代理变量，发布的研究报告数量越多，表示整个分析师行业对该企业的跟踪频率越高，关注度也越大，外部监督程度越高。然后，按照分析师关注度的均值分为高低两组，分析师发布的研究报告数量大于均值的样本为高组，其余的样本为低组。表4.8汇报的回归结果显示，党组织治理（Party）与信息披露违规（Violation）的负相关关系在分析师关注度低组显著，而在分析师关注度高组不显著。此外，采用 Bootstrap 抽样法检验组间系数差异的显著性，对应的经验 P 值为 0.060，该回归结果表明民营企业党组织治理机制能够有效弥补外部监督的不足，当分析师监督不足时，民营企业党组织治理对信息披露违规的抑制作用将被加强。

表4.8　基于分析师关注度视角

变量	Violation	
	（1） 分析师关注度高	（2） 分析师关注度低
Party	−0.227	−0.495***
	（−1.135）	（−4.348）
Size	−0.126**	0.051*
	（−2.270）	（1.921）
DireN	−0.013	−0.043**
	（−0.383）	（−2.369）
Lev	1.873***	0.788***
	（6.324）	（6.041）
Indep	−0.005	0.000
	（−0.531）	（0.021）
Dual	0.276***	0.023
	（3.292）	（0.489）
Big4	−0.202	−0.297*
	（−1.034）	（−1.737）
Top1	−0.016***	−0.012***
	（−5.124）	（−7.021）
Growth	−0.037	0.002
	（−0.748）	（0.088）
ROA	−1.271	−3.349***
	（−1.409）	（−7.563）
Loss	0.603**	0.489***
	（2.439）	（5.807）
Lisage	0.016**	0.025***
	（2.013）	（6.667）
Ind & Year	Yes	Yes
_cons	0.169	−2.511***
	（0.119）	（−4.161）
Pseudo R^2	0.051 7	0.076 4
Test diff.（p-value）	0.060*	
N	5 624	13 292

注：***、**、*分别表示在1%、5%、10%水平下显著。

4.5.2.4 基于法制环境的视角

根据"法与金融"学派的观点，公司治理体系在很大程度上内生于公司所处的外部制度环境。除了公司行为会受到市场化环境的直接影响，公司各治理机制作用的发挥也深受其间接影响（于忠泊 等，2012）。那么党组织治理作为一项重要的内部治理制度安排，很大可能会受到市场化制度环境的影响。

然而，我国不同区域的经济发展水平不一，这就为不同区域的法制环境带来较大差异性（王小鲁 等，2019）。在法制环境较好的地区，相应的法律制度更为成熟和完善，市场完善程度也相对较高，为保障党组织治理在民营企业公司治理结构中的嵌入效率和执行效力提供了有利的外部环境（方红星 等，2017）。因此，本章预测，相比于法制环境差的地区，民营企业党组织治理对企业信息披露违规的抑制作用在法制环境较好的地区更强。

本章参考于明洋等（2022）、方红星等（2017）的做法，对于法制环境变量的衡量，采用王小鲁等（2019）发布的《中国分省份市场化指数报告》中的"市场中介组织的发育和法律制度环境"分项指数。具体地，如果企业注册地该分项指数大于该分项指数的行业均值，则设置为法制环境好组；反之，则设置为法制环境差组。然后进行分组回归检验，由表 4.9 汇报其结果。回归结果表明，Party 的回归系数在法制环境好的分组里为 -0.609，且在 1% 水平上显著，在差的分组中为 -0.282，在 5% 水平下显著。进一步地，采用 Bootstrap 抽样法再次检验组间系数差异的显著性，所对应的 P 值为 0.044。该回归结果表明良好的外部法制环境强化了民营企业党组织治理对企业信息披露违规的抑制作用。

表 4.9 基于法制环境视角

变量	Violation	
	（1）法制环境好	（2）法制环境差
Party	-0.609^{***}	-0.282^{**}
	(-4.016)	(-2.146)
Size	-0.031	-0.038
	(-1.067)	(-1.088)
DireN	-0.070^{***}	-0.006
	(-3.148)	(-0.272)

表4.9(续)

变量	Violation	
	(1) 法制环境好	(2) 法制环境差
Lev	1.038***	0.987***
	(6.544)	(5.422)
Indep	−0.003	−0.002
	(−0.450)	(−0.344)
Dual	0.079	0.058
	(1.446)	(0.916)
Big4	−0.413**	−0.183
	(−2.524)	(−0.892)
Top1	−0.013***	−0.012***
	(−6.023)	(−5.190)
Growth	−0.026	0.031
	(−1.018)	(1.140)
ROA	−3.659***	−3.211***
	(−7.430)	(−5.115)
Loss	0.465***	0.488***
	(4.460)	(4.119)
Lisage	0.036***	0.011**
	(8.426)	(2.173)
Ind & Year	Yes	Yes
_cons	−1.097	−0.817
	(−1.376)	(−1.077)
Pseudo R^2	0.090 5	0.054 5
Test diff. (p-value)	0.044**	
N	11 314	7 602

注: ***、**、*分别表示在1%、5%、10%水平下显著。

4.6　稳健性检验

本章主回归中虽然已经控制了公司治理、财务特征、年度和行业等的影响，但研究结果仍然可能会受到样本自选择、反向因果、遗漏变量等内生性问题的干扰，为了保证研究结果的可靠性，本章采用如下方法进行稳健性检验：

4.6.1 采用 Probit 模型

为了验证所选模型的适当性，本章使用 Probit 模型对主回归进行了重新检验。表 4.10 列（1）对应的回归结果显示，党组织治理 Party 的回归系数在 1% 水平下显著为负，意味着本章的主要结论在改变回归模型后未发生变化。

4.6.2 更换信息披露违规指标

本章使用信息披露违规次数来作为信息披露违规的替代变量，该变量为有序变量，采用泊松回归模型（Poisson）以验证党组织治理对信息披露违规次数的影响。对模型（4.1）进行再次回归，表 4.10 列（2）汇报的回归结果显示，党组织治理（Party）的回归系数为-0.397，且在 1% 水平下显著为负，证明了本章的主要结论具有较强的稳健性。

4.6.3 更换党组织治理指标

中国民营上市公司大多数董事长是企业的实际控制者，具有较高的话语权和决策权（戴亦一 等，2017）。而民营上市公司的董事长交叉任职方式又赋予了董事长更为集中的权力（乔嗣佳 等，2022），强化其话语权和决策权，从而更为有效地促进党组织在公司治理中的参与程度（王舒扬 等，2019）。因此，对于党组织治理指标，本章采用董事长是否兼任党委书记的虚拟变量进行测度。对模型（4.1）进行再次回归，表 4.10 列（3）汇报的回归结果显示，党组织治理（Party）的回归系数在 5% 水平下显著为负，表明本章主要结论保持不变。

4.6.4 删除政策影响时段样本

2012 年 11 月召开了中国共产党第十八次全国代表大会，加大了党的建设力度，并于同年 12 月，中共中央政治局审议通过了中央八项规定。党的建设力度和中央八项规定的出台不仅对国有企业高管产生较大的直接影响，对非公有企业高管尤其是党员干部也产生较大的间接约束。此外，2012 年 5 月，印发的《关于加强和改进非公有制企业党的建设工作的意见（试行）》，明确了非公有制企业中党组织的政治核心地位，民营企业和企业家一同被纳入党组织的制度层面范畴，有效解决了民营企业党建的制度障碍（章高荣，2019）。因此，为了避免党的十八大的召开和指导意见对研究结果的影响，本章重新对剔除 2012 年和 2013 年数据后的样本进行回归，结果报告于表 4.10 列（4）。Party 的回归系数具有 1% 水平的负显著性，表明民营企业党组织治理能有效降低公司发生信息披露违规行为的可能性，表明本章主要结论保持不变。

表 4.10 Probit 模型、更换信息披露违规和党组织治理指标、剔除政策影响时段

变量	Violation			
	（1） Probit 模型	（2） 更换信息披露 违规指标	（3） 更换党组织 治理指标	（4） 剔除政策影响 时段
Party	−0.237 ***	−0.397 ***	−0.741 **	−0.401 ***
	(−4.346)	(−5.798)	(−2.088)	(−3.763)
Size	−0.020	−0.004	−0.031	−0.020
	(−1.559)	(−0.264)	(−1.388)	(−0.831)
Dire$N$	−0.020 **	−0.043 ***	−0.040 **	−0.028
	(−2.166)	(−4.164)	(−2.484)	(−1.645)
Lev	0.554 ***	0.888 ***	0.975 ***	1.017 ***
	(8.179)	(12.358)	(8.211)	(7.932)
Indep	−0.000	−0.002	−0.001	0.002
	(−0.079)	(−0.702)	(−0.231)	(0.451)
Dual	0.041 *	0.064 **	0.064 **	0.082 *
	(1.764)	(2.422)	(2.422)	(1.845)
Big4	−0.162 **	−0.141 *	−0.318 **	−0.357 ***
	(−2.358)	(−1.732)	(−2.507)	(−2.639)
Top1	−0.007 ***	−0.012 ***	−0.013 ***	−0.013 ***
	(−8.441)	(−11.528)	(−8.172)	(−7.858)
Growth	−0.000	−0.019	0.000	−0.002
	(−0.015)	(−1.573)	(0.003)	(−0.092)
ROA	−2.025 ***	−2.659 ***	−3.599 ***	−3.467 ***
	(−9.332)	(−12.854)	(−9.380)	(−8.548)
Loss	0.288 ***	0.495 ***	0.463 ***	0.491 ***
	(6.367)	(10.890)	(5.947)	(5.854)
Lisage	0.015 ***	0.024 ***	0.023 ***	0.028 ***
	(7.889)	(11.797)	(7.164)	(7.862)
Ind & Year	Yes	Yes	Yes	Yes

表4.10(续)

变量	Violation			
	（1） Probit 模型	（2） 更换信息披露 违规指标	（3） 更换党组织 治理指标	（4） 剔除政策影响 时段
_cons	−0.543* (−1.858)	−1.440*** (−4.382)	−0.936* (−1.813)	−1.400** (−2.540)
Pseudo R^2	0.073 5	0.105 3	0.072 7	0.080 3
N	18 916	18 916	18 916	16 924

注：***、**、*分别表示在1%、5%、10%水平下显著。

4.6.5　党组织治理滞后一期

由于党组织成员与企业其他高管之间形成配合需要时间，以及党组织的影响力对企业信息披露违规行为产生影响也需要时间，民营企业党组织治理对企业信息披露违规的抑制效果可能存在一定的滞后性。本章将对党组织治理变量和控制变量采用上期数据进行重新回归以再次检验假设4.1，该方法也在一定程度上缓解了反向因果关系带来的内生性问题。结果如表4.11列（1）所示，滞后一期的党组织治理（Party）的回归系数为−0.405，且在1%水平下显著，表明民营企业党组织治理对企业信息披露违规行为产生了显著的负向影响，进一步支持了本章的主要结论。

4.6.6　倾向得分匹配法

民营企业党组织是否参与公司治理可能不是随机选择的结果，而是受到公司其他特征的影响，进而影响本章研究结果。为此，本章采用倾向得分匹配法（PSM）来解决样本自选择等内生性问题。具体操作为，首先，依据是否存在党组织治理将样本分为实验组和控制组。将存在党组织治理的样本公司设置为实验组，不存在党组织治理的样本公司设置为控制组。其次，根据企业上市年龄（Lisage）、董事会规模（DireN）、两职兼任（Dual）、独立董事比例（Indep）、资产负债率（Lev）、总资产收益率（ROA）、企业成长性（Growth）等变量，进行1∶4的邻近配对，然后通过t检验对匹配过程进行平衡性验证。从验证结果表4.12中可以看出，各匹配变量在匹配后的均值均未表现出明显差异，对应的标准化误差均小于10%，证明该匹配是有效的。最后，运用模型（4.1）对经过匹配后所得到的 PSM 公司样本对假设4.1进行回归检验。表4.11列（2）汇报的是匹配后进行回归的结果，Party 的回归系数（-0.412）通过了负的显著性检验。即民营企业党组织治理对企业信息披露违规行为产生显著的负向影响，其结果与主回归检验结果保持一致。

表4.11　党组织治理滞后一期和倾向得分匹配法（PSM）

变量	Violation	
	（1） 党组织治理滞后一期	（2） 倾向得分匹配法
Party	-0.405***	-0.412***
	(-3.963)	(-3.855)
Size	0.005	-0.107**
	(0.242)	(-2.454)
DireN	-0.035**	-0.053
	(-2.132)	(-1.642)
Lev	-0.001	0.538**
	(-0.257)	(2.114)
Indep	0.797***	-0.008
	(6.387)	(-0.779)
Dual	0.013	0.062
	(0.684)	(0.592)
Big4	-4.414***	-0.187
	(-10.301)	(-0.829)
Top1	-0.011***	-0.008***
	(-6.902)	(-2.601)
Growth	0.082*	0.045
	(1.955)	(1.178)
ROA	-0.442***	-4.769***
	(-3.224)	(-5.488)
Loss	0.429***	0.123
	(5.025)	(0.748)
Lisage	0.021***	0.023***
	(6.113)	(3.511)
Ind & Year	Yes	Yes
_cons	-1.468***	1.067
	(-2.831)	(1.029)
Pseudo R^2	0.063 6	0.074 6
N	17 953	3 898

注：***、**、* 分别表示在1%、5%、10%水平下显著。

表 4.12　平衡性检验

变量	Unmatched Matched	Mean		%bias	%reduct | bias |	t-test	
		Treated	Control			t	p>|t|
Lisage	U	12.565	7.783 2	72.7		22.29	0.000
	M	12.565	12.523	0.6	99.1	0.13	0.899
Dire/V	U	8.96	8.225 6	47.1		14.02	0.000
	M	8.96	8.902 3	3.7	92.1	0.78	0.433
Dual	U	0.200 89	0.365 47	−37.1		−10.09	0.000
	M	0.200 89	0.185 93	3.4	90.9	0.80	0.421
Indep	U	36.189	37.762	−32.1		−8.74	0.000
	M	36.189	36.043	3.0	90.7	0.71	0.476
ROA	U	0.040 21	0.042 4	−3.2		−0.88	0.377
	M	0.040 21	0.044 05	1.4	57.3	0.29	0.771
Lev	U	0.464 31	0.391 12	37.6		10.84	0.000
	M	0.464 31	0.466 88	−1.3	96.5	−0.28	0.779
Growth	U	0.375 26	0.386 18	−1.0		−0.31	0.758
	M	0.375 26	0.370 5	0.4	56.4	0.09	0.927

4.6.7　工具变量法

民营企业党组织治理可能具有内生的性质，这就可能会因遗漏变量使得其对信息披露违规的影响出现偏误，影响研究结论的可靠性。因此，本章参考王梦凯等（2022）的做法，选取的工具变量为民营企业党组织治理的行业均值（Party_m）作为工具变量，采用两阶段回归法来缓解遗漏变量误差所产生的内生性问题。首先，企业经营发展受环境和文化遵从的较大影响，同行业的企业之间不可避免地会相互观察和模仿组织结构和战略，如果同行业其他民营企业引入党组织到公司治理结构，会影响该企业自身的公司治理结构调整行为。因此，同行业党组织治理水平与企业自身的党组织治理水平高度相关，符合工具变量的相关性要求。其次，该企业的信息披露违规行为不容易受到同行业其他民营企业党组织治理行为的影响，在计算同行业民营企业党组织治理时，企业自身党组织治理不在考虑之内，这就合理满足了工具变量的外生性要求。

然后，以同行业其他民营企业党组织治理的均值作为工具变量，并运用两阶段最小二乘法进行回归。工具变量法的回归结果如表 4.13 所示，其中列（1）中可以看出，第一阶段回归的弱工具变量检验的 F 值为 16.102 1，大于经验标准值 10（Hausmana et al.，2005），通过了弱工具变量检验。第二阶段回归结果报告于列（2），结果显示，民营企业党组织治理与信息披露违规之间的回归系数为 −1.075，且在 5% 水平下显著。从该结果可以看出，考虑了遗漏变量带来的内生性问题后，民营企业党组织治理仍然显著抑制公司信息披露违规行为，表明本章的结论具有稳健性。

表 4.13　工具变量法

变量	Party	Violation
	(1)	(2)
Party_m	1.262 ***	
	(3.389)	
Party		−1.075 **
		(−2.074)
Size	0.151 ***	−0.001
	(3.977)	(−0.179)
DireN	0.136 ***	0.004
	(5.621)	(0.708)
Lev	0.163	0.159 ***
	(0.730)	(7.578)
Indep	−0.029 ***	−0.000
	(−3.311)	(−0.587)
Dual	−0.437 ***	−0.004
	(−4.985)	(−0.394)
Big4	−0.179	−0.035 *
	(−1.021)	(−1.911)
Top1	−0.001	−0.002 ***
	(−0.393)	(−6.456)
Growth	−0.054 *	−0.004
	(−1.664)	(−1.163)
ROA	0.681	−0.476 ***
	(0.949)	(−6.985)
Loss	0.135	0.118 ***
	(0.924)	(8.174)
Lisage	0.099 ***	0.009 ***
	(17.490)	(3.377)

表4.13(续)

变量	Party	Violation
	（1）	（2）
Ind & Year	Yes	Yes
_cons	−6.369***	0.183*
	（−7.576）	（1.740）
Pseudo R^2/R-squared	0.106 0	0.000 0
F value of Weak IV test	16.102 1	
N	18 807	18 807

注：***、**、* 分别表示在1%、5%、10%水平下显著。

4.7　本章小结

本章以 2007—2020 年沪深 A 股民营上市公司为研究对象，系统探讨民营企业党组织治理对信息披露违规的影响以及作用路径。研究发现：①民营企业党组织治理能够显著抑制公司信息披露违规。其中，党组织治理进入董事会和管理层的治理方式均能够显著抑制民营上市公司信息披露违规，而党组织治理进入监事会的治理方式对于民营上市公司信息披露违规的抑制作用尚不明显。②民营企业党组织治理能够通过加强对公司的内部监督和降低其风险水平来有效降低信息披露违规的可能性。③民营企业党组织治理对上市公司信息披露违规的抑制作用还会受到外部治理和制度环境的影响。公司的所面临的行业竞争度高、受到非行业管制、分析师关注度低以及公司注册地的法制环境好时，民营企业党组织治理对上市公司信息披露违规的抑制作用更为明显。④为了验证本章结论的可靠性，分别通过更换信息披露违规指标、更换党组织治理指标、剔除政策影响时段样本、通过改变回归模型、党组织治理滞后一期、倾向得分匹配法（PSM）以及工具变量法缓解内生性之后，本章的主回归结果依然成立。

本章研究具有如下几点启示：首先，信息披露违规是衡量上市公司信息披露质量的一个重要指标，在实证检验层面，党组织治理能够有效地发挥其内部治理作用，能够通过加强民营上市公司内部监督和降低企业风险来减少其信息披露违规的概率，使民营上市公司年报所披露的信息符合法律法规。其次，党组织治理进入监事会的治理效果尚不明显，还应当继续加强监事会监督制度的规范化，提高监事会的监督力度。最后，外部治理和制度环境在党组织进行有效治理和抑制企业信息披露违规方面均发挥着重要作用。监管机构应为民营企业党组织治理发挥作用提供有利的外部制度环境和治理机制保障，充分发挥外部治理的监督约束功能，形成企业内部治理和外部治理机制、制度环境相互协调、相互补充的良好内外部环境。

5 民营企业党组织治理 与年报可读性

5.1 问题的提出

年报是上市公司与投资者重要的沟通桥梁，也是投资者掌握公司最新动态的第一手资料。年报中叙述性文本信息约占 80%（Lo et al., 2017），就信息系统而言，信息的传递遵循着"编制—披露—解读"的逻辑（卜君，2022），在信息解读阶段，投资者对信息解读的效率受到年报可读性的直接影响（杨丹 等，2018）。近年来，年报文字信息日趋增多、表达形式多样、内涵日渐丰富（Bonsall & Miller, 2017；Luo et al., 2018）。然而，复杂的文本信息会使阅读者花费过多的时间和精力在信息语言特征上，影响信息的准确度（Polat & Kim, 2014），导致阅读者信息解读成本和难度的提升，同时也影响着阅读者对文本的认知速率和深度（翟淑萍等，2020），从而引起了投资者对年报中文本信息的高度关注（Plumlee & Plumlee, 2008）。利用复杂的文本信息进行信息披露具有成本低且隐蔽性强的特点（逯东 等，2020），这就导致对于文本信息的监督更加困难（罗栋梁，2016）。企业管理层更有动机运用晦涩难懂、表意似是而非的词汇来进行策略性披露，来降低年报的可读性，干扰投资者的决策行为（李春涛 等，2020）。为了扭转这一现象，各国一直强调披露可读性强的公司年报的重要性（Lang & Stie-lawrence, 2015）。中国资本市场存在大量欠缺财务知识的散户型投资者，他们可能更容易受到年报可读性的影响。因此，年报可读性对中国资本市场研究来说，是值得关注的问题（徐巍 等，2021）。然而，我国的资本市场正处于转型期，存在信息不透明、监管力度不足等治理问题，这在客观上为管理层借助语言特征进行策略性披露提供了温床。已有研究从企业盈余（Li，2008；Loughran & Mcdonald，2014；Ajina et al.，2016；Lo et al.，2017；王克敏 等，2018；Arora & Chaunan，2021）、高管特征（Xu et al.，2018；孙文章，2019；Sun et al.，2022；Bai et al.，2022）、企业战略及行为（Habib et al.，2018；Lim et al.，2018；于明洋 等，2022；张璇 等，2022）、外部监管环境（翟淑萍 等，2020；张艺琼，2021；丁亚楠、王建新，2021；阮睿 等，2021），以及非正式制度（任宏达、王琨，2018）等角度探讨了年报可读性的影响因素，发现文本信息操纵是企业进行盈余管理的结果。在法规制度介入效力有限的现实情境下，加强民营企业党组织治理俨然成为党和国家强化对民营企业引领、监督的重要手段。那么民营企业党组织治理是否会改善公司年报可读性？如果能够改善公司年报可读性，其中的作用路径是什么？两者之间的关系又是否会受到外部治理机制和制度环境的情境影响？目前尚未研究对这些问题做出明确回答。基于此，本章深入考察民营企业党组织治理对民营上市公司年报可读性的影响及作用路径，以期为上述问题找到合理答案，同时为提高民营上市公司整体信息披露质量提供一定的经验证据。

5.2　理论分析与假设提出

结合前文对民营企业党组织治理历史发展进程的梳理，一个现实的问题是，民营企业党组织治理已成为一种普遍的政治和经济现象（郑登津 等，2020a；郑登津 等，2020b；郑登津 等，2022），并可能影响企业决策行为（李世刚、章卫东，2018；郑登津 等，2020a；郑登津 等，2020b）。那么，企业党组织治理能否以及如何影响上市公司年报可读性？本章认为党组织嵌入民营上市公司治理结构中，作为中国特色的企业党组织治理机制（马连福 等，2013；陈仕华、卢昌崇，2014；何轩、马骏，2018），能够通过参与企业重大经营决策和执行监督职能，抑制管理层盈余管理行为，从而提高企业年报可读性。

我国资本市场起步较晚，文本信息披露的规范性和标准化尚处于起步阶段。在强调圆式思维的汉语文化中，管理层作为企业信息编制与披露者，文本信息往往要比数字信息具有更大的自由操纵性（赵璨 等，2020）

和更低的盈余管理行为被发现的概率（孙健 等，2016），这就使得管理者有强烈动机利用强隐蔽性和低成本的文本信息操纵方式来掩盖不利信息或模糊信息（逯东 等，2020），从而降低企业年报可读性。信息模糊（Obfuscation）假说认为，年报可读性主要归因于管理层个人机会主义行为，当企业业绩变得糟糕时、有强烈的盈余操纵动机或有避免市场负面反应影响股价等其他自利原因时，管理层会蓄意进行利用晦涩难懂、逻辑复杂的语句表述文本信息，造成年报可读性的下降，以实现隐藏或模糊不利信息的目的（Li，2008；Loughran & Mcdonald，2014；Ajina et al.，2016；Lo et al.，2017；王克敏 等，2018；Arora & Chaunan，2021）。诸多研究也支持管理者模糊假说并指出，文本信息操纵是管理层进行盈余管理的结果（Li，2008；Loughran & Mcdonald，2014；Ajina et al.，2016；Lo et al.，2017；王克敏 等，2018；Arora & Chaunan，2021）。尽管公司治理结构中设置了监事会和独立董事的双重监督机制，但其均因缺乏实权而无法真正实施有效监督（毛志宏、李丽，2022）。党代表着广大人民的利益，党组织在民营企业中的参与旨在确保经济的稳定性，着力改善人民的生活质量，并促进公平的社会福利分配。而减少文本信息中的复杂难懂表述，抑制管理者对年报可读性的操纵行为，有助于引导投资者做出正确的投资判断决定，保护中小投资者利益。因此，在法规制度介入效力有限的现实情境下，加强民营企业党组织治理俨然成为党和国家强化对民营企业引领、监督的重要方式。

从整体层面来看，党组织作为完善公司治理的新动力，通过"双向进入、交叉任职"进入公司治理结构中，有能力、有意愿通过行使建议权和监督权参与企业的经营决策（马连福 等，2013；陈仕华、卢崇昌，2014；李世刚、章卫东，2018；马骏 等，2021），从不同维度支持董事会、监事会及管理层合理行使权力、依法履行职责，确保企业多方利益需求的协调实现，提升董事会、管理层的决策效率和决策质量，推进监事会实现监管范围的全覆盖（唐旭，2022），从而抑制管理层的盈余管理行为（程海艳等，2020；郑登津 等，2020b；王元芳、马连福，2021；陈艳、张武洲，2022；乔嗣佳 等，2022），提高年报可读性。董事会作为公司治理的核心，其主要职责就是确保公司财务报表的质量（Masulis，2012）。党组织治理进入董事会，能够将董事会的公司治理与党的政治监督有机统一起来，进一步提高董事会的监督效率和决策水平，从而降低管理者舞弊的概率（李世刚、章卫东，2018）。当党组织成员依法进入管理层时，作为党组织成员的管理者更倾向于扮演党和国家的"管家"角色（马连福 等，2013）。党的纪律和先进思想潜移默化地制约着作为党组织成员管理者的个人行为。党的纪律和先进思想的实践，也可能对非党组织成员管理者产生溢出效应（程海艳 等，2020；郑登津 等，2020a；郑登津 等，2020b），从而在管理层中形成一种非正式的、无形的契约，促使管理者自觉约束自己的行为，减少操纵文本信息的动机。监事会作为专门的监督机构，对企业的经营活动和财务状况进行全面监督。党组织作为监督新力量，与监事会职能上的重叠有利于形成共同监督机制（初明利、贾元昌，2012），以双重监督防止管理人员侵害股东权益，为提高财务报告质量提供良好的内部监督环境。由此全面加强对年报信息的监管力度，能够促使公司管理层减少财务盈余操纵（郑登津 等，2020a；郑登津 等，2020b；程海艳 等，2020；陈艳、张武洲，2022；乔嗣佳 等，2022），此时，作为隐瞒不良业绩、盈余操纵行为的年报文本信息的模糊化和复杂性程度也会随之降低，即年报可读性得以提升。

从党组织成员个体层面来看，党员是经过层层考核筛选等严格程序选拔而出的，有着较高的政治觉悟和个人能力与素养。依据高层梯队理论可知，企业高管的价值观和企业决策行为之间存在着密切联系，可以说，企业的行为和决策结果可以被看成是高管个人价值观的直接投射。党组织的管理、党员身份能够通过增强党组织的政治教育作用，以价值引领的方式将党的优秀文化和价值观融入和渗透到企业的日常经营中，帮助党员高管塑造统一的价值观和道德标准，从而影响党员高管在公司治理过程中的决策行为，使得企业行为更加自律（王元芳、马连福，2021）。已有研究表明，民营企业党组织在企业中主要发挥的是政治思想引领作用，组织动员企业披露高质量信息则是政治思想引领最切实、最有力的表现（黄杰、郑静，2022）。因此，党组织的政治素养能够使党的基本理念和红色价值观渗透到管理层，转化为企业的经营宗旨和行为准则，促使企业满足公众高质量信息披露的诉求。同时，通过开展党建活动、学习会议精神等方式在企业内部传播党的理念和宗旨，使其成为企业的共同价值观，从而避免企业管理层因过度追求经济利益或个人私利而忽视其他利益相关者的诉求（李涛、徐红，2022）。

总体而言，党组织通过进入公司董事会、管理层和监事会，可以同时发挥刚性监督约束功能和柔性价值引导作用，促使企业更加重视上市公司年报文本信息中可能隐藏的操纵行为，及时对公司行为进行纠偏和约束，降低盈余管理动机，从而提高年报可读性。

然而，已有文献也指出，在"双向进入"中，党组织进入董事会治理、管理层治理和监事会治理所产生的监督效果存在显著差异。有研究认为，党组织进入董事会治理是企业提高公司治理水平的最佳途径（李世刚、章卫东，2018；乔嗣佳 等，2022）。相比高管层和监事会，董事会居于公司治理的核心地位，公司的财务报告质量受其直接监管（Masulis，2012）。因此，党组织进入董事会所发挥的作用和影响更加有效（柳学信等，2020；佟岩 等，2021；乔嗣佳 等，2022）。当党组织成员进入管理层时，党组织通过道德、信念以及价值观等的塑造对党员管理者个人的利益偏好、行为选择进行修正，党员管理者能够约束自身行为，表现出更高的道德标准（王元芳、马连福，2021），这就使得管理者的政治动因大于操纵动机，从而降低文本信息操纵动机。当党组织成员进入监事会时，理论上看，党组织作为最高级别的监督机构与监事会职能上的重合有利于形成共同监督机制，引导和监督企业遵守国家法律法规，诚信经营（初明利、贾元昌，2012）；但实践证实，我国监事会监督不力一直被人们所诟病（李维安、王世权，2005；毛志宏、李丽，2022），长期存在的内部监督不力环境，为党组织与其形成相互配合、共同监督机制提供的条件可能有限。因此，党组织进入监事会很难有效破解监事会监督不力的局面。

基于以上理论分析，本章提出以下假设：

假设 5.1：民营企业党组织治理能够显著提升企业年报可读性。

假设 5.2：民营企业党组织治理对企业年报可读性的提升作用因其参与对象不同而不同。

5.3　研究设计

5.3.1　样本选择与数据来源

本章以 2007—2020 年沪深 A 股民营上市公司为研究样本。遵循如下要求进行筛选与整理：①对于 ST、＊ST 企业样本作剔除处理；②由于金融行业公司的财务数据比较特殊，本章作剔除处理；③剔除上市不足一年的公司样本；④剔除观测值有缺失的公司样本。通过以上对数据的处理后，最终获得一份非平衡的面板数据共 18 824 家公司-年度观测值。为了避免异常数据对研究结论的干扰，对所有连续变量做上下 1% 水平的缩尾（winsorize）处理，并采用稳健标准误缓解异方差问题。

党组织治理数据来自国泰安（CSMAR）数据库及公司年报，并经过手工逐条收集和整理。年报可读性涉及的年报数据利用 Python 软件从巨潮资讯网下载年报并对其文本信息进行提取和分析后获取。接下来，本章首先使用 Python 软件从巨潮资讯网站下载 2007—2020 年沪深 A 股民营上市公司年报，然后解析 PDF 格式年报，提取内容并将其转换为 TXT 格式，最后利用 Python 中的 Jieba 库对文本进行基本的分词和词频统计。本章使用 Python3.7 进行专业术语密度和逆接成分密度的计算。实证过程中用到的其他公司治理和财务数据均来自国泰安（CSMAR）数据库。

5.3.2　变量定义

5.3.2.1　年报可读性

学界对于年报可读性的度量存在诸多不同的方法。Li（2008）首次在会计实证研究中引入可读性概念，并以 Fog 指数和文本长度作为年报可读性的衡量指标。后来的学者们也普遍采用 Fog 指数作为英文年报文本信息可读性的衡量指标。但这也遭到了 Loughran 和 MaDonald（2014）、Bonsall 和 Miller（2017）的批评，认为该指标不是一个良好的衡量方法。Bonsall 和 Miller（2017）指出 Fog 指数不能捕捉财务报告的真实可读性，并且使用文件的大小可能会导致检验结果有偏。徐巍等（2021）则指出，在中文环境下，中文作为象形文字，无法照搬使用。文本长度也常被作为年报可读性的反向衡量指标，认为冗长的年报篇幅具有较差的可读性，但是也有研究指出，在中国的制度背景下，较长篇幅的年报也可能是一种积极信号（罗进辉 等，2020）。同时文本长度作为可读性的衡量指标，会加剧相关研究的内生性（徐巍 等，2021）。

因此，本章借鉴王克敏等（2018）、逯东等（2020）的做法，选取逆接成分密度和专业术语密度两个指标来分别对主回归检验和稳健性检验部分年报可读性进行刻画。这两个指标的具体构建如下：①逆接成分密度。年报的可读性深受年报文本信息中逻辑关系复杂程度的直接影响。因此，本章用年报中包含"虽然、但是、而"等逆接成分占年报总字数的比例来刻画逆接成分密度。逆接成分密度越低，年报文本的逻辑关系越容易理解，年报可读性越高。②专业术语密度。根据《灵格斯汉英会计词典》（2008）统计年报中出现的会计、金融专业术语在年报总字数中所占的比例来刻画专业术语密度指标。专业术语占比越大，对阅读者个人知识和技能的要求越高，理解难度越大。而专业术语出现的比例越低，即专业术语密度越低，年报可读性越强。然后将这两个指标进行归一化处理，处理后取值范围为［0，1］，最后经过处理后的年报可读性指标 Read 为一个负向指标，该指标数值越大，表示年报可读性越低，反之则越高。

5.3.2.2 党组织治理

党组织治理（Party）指标。对于该指标的刻画，参考大多数研究的做法，具体见第3章对该变量的定义和度量方式。

5.3.2.3 控制变量

参考逯东等（2020）、丁亚楠和王建新（2022）、Sun 等（2022）的做法，本章控制了有关公司财务及公司治理特征等方面的变量：公司规模（Size）、资产负债率（Lev）、董事会规模（DireN）、独立董事比例（Indep）、两职合一（Dual）、股权集中度（Top1）、四大审计（Big4）、资产收益率（ROA）、是否亏损（Loss）、企业的成长性即营业收入增长率（Growth）、上市年龄（Lisage）。其他控制变量：为控制上市公司所在年份和所处行业的影响，本章还控制了年度虚拟变量（Year）和行业虚拟变量（Ind）。此外，除了制造业采用二级行业分类标准，其他行业分类均采用证监会一级行业分类标准。具体变量定义见表5.1。

表5.1　主要变量定义

变量性质	变量名称	符号	具体定义
被解释变量	年报可读性	Read	年报中包含的逆接成分（虽然、但是、而等）占年报总字数的比例

表5.1(续)

变量性质	变量名称	符号	具体定义
解释变量	党组织治理	Party	虚拟变量,党组织成员进入董事会、管理层或监事会则取值为1,否则为0
		Party_dsh	虚拟变量,党组织成员进入董事会则取值为1,否则为0
		Party_ggt	虚拟变量,党组织成员进入管理层则取值为1,否则为0
		Party_jsh	虚拟变量,党组织成员进入监事会则取值为1,否则为0
控制变量	公司规模	Size	年末总资产额的自然对数
	资产负债率	Lev	总负债/总资产
	股权集中度	Top1	第一大股东持股比例
	董事会规模	DireN	董事会总人数
	独立董事比例	Indep	独立董事人数/董事会总人数
	两职合一	Dual	虚拟变量,总经理和董事长为同一人,记为1,否则为0
	四大审计	Big4	虚拟变量,样本公司由四大会计师事务所审计,记为1,否为0
	资产收益率	ROA	净利润/总资产
	上市年龄	Lisage	公司当前年份-上市年份
	是否亏损	Loss	虚拟变量,企业发生亏损,记为1,否则为0
	企业成长性	Growth	(本年营业收入-上年营业收入)/上年营业收入
	行业	Ind	行业虚拟变量
	年度	Year	年份虚拟变量

5.3.3 模型设定

为考察民营企业党组织治理对年报可读性的影响,本章构建如下 OLS 回归模型对前文提出的研究假设进行检验。

$$Read = a_0 + a_1Party + a_2Size + a_3Lev + a_4Top1 + a_5Loss + a_6DireN +$$
$$a_7Indep + a_8Dual + a_9Big4 + a_{10}ROA + a_{11}Lisage + a_{12}Growth +$$
$$a_{13}Ind + a_{14}Year + \varepsilon \tag{5.1}$$

其中，年报可读性 Read 主要包括逆接成分密度和专业术语密度两个指标。在主回归部分使用逆接成分密度作为其替代变量。在稳健性检验部分，使用专业术语密度作为其替代变量，以验证党组织治理对年报可读性的影响。党组织治理 Party 为虚拟变量，表示党组织成员是否进入董事会、管理层或监事会，同时控制了行业和年度固定效应。由于年报可读性指标是一个负向指标，该指标值越大，代表年报的可读性越差。如果模型（5.1）中回归系数 a_1 显著为负，则表明党组织治理能够显著提高年报可读性，本章假设 5.1 成立。

5.4 实证检验结果与分析

5.4.1 描述性统计分析

相关变量的描述性统计结果列示于表 5.2。具体为，年报可读性 Read 的均值为 0.090 9，最小为 0，最大值为 2.102 2，可以看出我国民营上市公司年报的可读性质量差距较大。党组织治理变量方面：Party 的均值为 0.047 6，表明党组织在民营企业中的参与度仍普遍较低。进一步细分结果显示，党组织进入董事会、管理层和监事会的均值分别为 0.031 7、0.007 9、0.011 6，表明党组织进入董事会的比重相对最大，其次是监事会、最后是管理层，但从整体来看，其参与度普遍较低。控制变量方面：公司规模的均值为 21.800 8，董事会规模均值为 8.260 6，资产负债率均值为 0.394 6，独立董事比例均值为 37.687 0，董事长与总经理兼任的均值为 0.357 6，公司是否由四大审计的均值为 0.032 6，第一大股东持股比例均值为 31.680 4，企业成长性均值为 0.385 7，资产收益率均值为 0.042 3，约有 10.53% 的上市公司发生亏损，企业上市年龄均值为 8.011 0。与先前文献相比，各控制变量总体分布均在合理的范围之内。

表 5.2　主要变量的描述性统计

变量	观测值	均值	标准差	最小值	中位数	最大值
Read	18 824	0.090 9	0.076 5	0.000 0	0.081 9	2.102 2
Party	18 824	0.047 6	0.213 0	0.000 0	0.000 0	1.000 0
Party_dsh	18 824	0.031 7	0.175 1	0.000 0	0.000 0	1.000 0
Party_ggt	18 824	0.007 9	0.088 7	0.000 0	0.000 0	1.000 0
Party_jsh	18 824	0.011 6	0.107 0	0.000 0	0.000 0	1.000 0
Size	18 824	21.800 8	1.085 4	19.416 6	21.696 2	25.007 0
DireN	18 824	8.260 6	1.542 7	2.000 0	9.000 0	18.000 0
Lev	18 824	0.394 6	0.198 4	0.045 4	0.384 8	0.880 3
Indep	18 824	37.687 0	5.282 9	30.770 0	36.360 0	57.140 0
Dual	18 824	0.357 6	0.479 3	0.000 0	0.000 0	1.000 0
Big4	18 824	0.032 6	0.177 5	0.000 0	0.000 0	1.000 0
Top1	18 824	31.680 4	13.851 3	8.198 2	29.736 0	70.773 8
Growth	18 824	0.385 7	1.036 5	−0.814 6	0.140 5	7.358 4
ROA	18 824	0.042 3	0.072 5	−0.298 6	0.043 0	0.240 4
Loss	18 824	0.105 3	0.307 0	0.000 0	0.000 0	1.000 0
Lisage	18 824	8.011 0	6.367 2	1.000 0	6.000 0	30.000 0

5.4.2　相关性分析

　　主要变量的 Pearson 相关性分析结果列示于表 5.3。结果表明，Party（党组织治理）与 Read（年报可读性）呈现出负向且显著的相关关系，初步证明了前文的假设 5.1。此外，其他相关变量间的相关性均小于 0.5，即各相关变量间未表现出严重的多重共线性问题。

表 5.3　相关性分析

	Read	Party	Size	DireN	Lev	Indep	Dual	Big4	Top1	Growth	ROA	Loss	Lisage
Read	1												
Party	-0.046**	1											
Size	-0.008	0.079**	1										
DireN	-0.060**	0.102**	0.185**	1									
Lev	-0.052**	0.078**	0.437**	0.106**	1								
Indep	0.049**	-0.063**	-0.062**	-0.592**	-0.032**	1							
Dual	0.039**	-0.074**	-0.093**	-0.137**	-0.093**	0.120***	1						
Big4	0.091**	0.020**	0.236**	0.075**	0.079**	-0.020**	-0.044**	1					
Top1	-0.007	-0.016*	0.053**	-0.053**	-0.009	0.030**	0.047**	0.063**	1				
Growth	-0.011	-0.004	0.013	-0.014	0.072**	0.029**	-0.016*	-0.000	0.007	1			
ROA	0.022**	-0.007	0.052**	0.050**	-0.328**	-0.033**	0.015*	0.049**	0.174**	0.011	1		
Loss	0.003	0.008	-0.070**	-0.048**	0.194**	0.033**	-0.000	-0.022**	-0.113**	-0.021**	-0.580**	1	
Lisage	-0.028**	0.161**	0.339**	0.081**	0.323**	-0.020**	-0.139**	0.069**	-0.183**	0.096**	-0.169**	0.133**	1

注：***、**、* 分别表示在 1%、5%、10% 水平下显著。

5.4.3 多元回归分析

5.4.3.1 民营企业党组织治理与年报可读性

为了验证本章的研究假设 5.1，本章对模型（5.1）进行回归。表 5.4 汇报了民营企业党组织治理与年报可读性的回归结果①。其中，列（1）为不加入一系列可能影响年报可读性的控制变量时党组织治理（Party）和年报可读性（Read）的基准回归结果，Party 的回归系数为 -1.219，在 1% 水平下显著。在经济意义方面，Party（0.213 0）每增加一个标准差，年报可读性的提高幅度相当于样本标准差的 3.4%②。列（2）为加入了一系列控制变量后的回归结果，Party 的回归系数为 -0.804，仍在 1% 水平下显著。在经济意义方面，Party（0.213 0）每增加一个标准差，年报可读性的提高幅度相当于样本标准差的 2.24%。由此可见，无论是从统计意义上还是经济意义上来讲，民营企业党组织治理均与年报可读性之间有着显著的正向关系，支持了假设 5.1，表明民营企业党组织治理对于企业文本信息操纵行为产生了显著的监督和约束作用。

表 5.4　民营企业党组织治理与年报可读性

变量	Read	
	（1）	（2）
Party	-1.219***	-0.804***
	（-6.033）	（-3.869）
Size		-0.523***
		（-8.284）
Dire*N*		-0.039
		（-1.002）
Lev		0.070
		（0.211）
Indep		0.032***
		（2.644）
Dual		0.174
		（1.491）

① 考虑到因变量和自变量的量级差异，本章在进行多元回归时均对因变量做扩大 100 倍处理。

② 在多元回归时对年报可读性指标做了扩大 100 倍处理，为了保持一致性，这里的年报可读性标准差用的是放大 100 倍后的数值。

表5.4(续)

变量	Read	
	（1）	（2）
Big4		4.557***
		(13.232)
Top1		-0.002
		(-0.590)
Growth		-0.001
		(-0.026)
ROA		4.669***
		(4.189)
Loss		0.385*
		(1.698)
Lisage		-0.027***
		(-2.787)
Ind & Year	Yes	Yes
_cons	5.545***	15.411***
	(14.496)	(10.974)
R-squared	0.050 5	0.067 1
N	18 824	18 824

注：***、**、*分别表示在1%、5%、10%水平下显著。

5.4.3.2 民营企业党组织治理不同参与对象与年报可读性

由于党组织治理方式具有一定的差异性，本章进一步检验党组织治理的不同方式对企业年报可读性的影响。参考马连福等（2013）、Li 和 Chan（2016）、佟岩等（2021）的做法，分别采用党组织成员是否进入董事会（Party_dsh）、进入管理层（Party_ggt）、进入监事会（Party_jsh）3 个虚拟变量对党组织治理进行测度。表 5.5 列（1）至列（3）分别汇报的是党组织治理 3 个变量与企业年报可读性的回归结果。其中，列（1）中 Party_dsh 的回归系数为-0.888，且在 1% 的水平下显著，说明董事会作为公司治理的核心，党组织成员进入董事会能够更加充分发挥其监督约束功能（柳学信 等，2020），将董事会的治理机制和党组织的政治监督机制有效结合（李世刚、章卫东，2018），从而抑制管理者在文本信息披露决策过程中的机会主义行为。列（2）中 Party_ggt 的回归系数为-0.927，在 10% 水平下显著，表明当党组织成员兼任管理者时，表现出更高的道德标准（王元芳、马连福，2021），使得管理者的政治动因大于操纵动机，从而降低了管理者进行文本信息操纵的动机。列（3）中 Party_jsh 的回归系数未通过负的显著性测验，该结果表明，党组织治理进入监事会仍未能有效破解监事会监督不力的局面，其监督作用的有效发挥可能还需要更长一段时间。该研究结论支持了本章的假设 5.2。

表 5.5　民营企业党组织治理不同参与对象与年报可读性

变量	Read		
	（1）	（2）	（3）
Party_dsh	−0.888 ***		
	（−3.621）		
Party_ggt		−0.927 *	
		（−1.692）	
Party_jsh			−0.250
			（−0.574）
Size	−0.522 ***	−0.527 ***	−0.527 ***
	（−8.276）	（−8.358）	（−8.360）
DireN	−0.040	−0.045	−0.046
	（−1.017）	（−1.151）	（−1.177）
Lev	0.067	0.070	0.062
	（0.203）	（0.211）	（0.188）
Indep	0.032 ***	0.032 ***	0.032 ***
	（2.660）	（2.673）	（2.661）
Dual	0.177	0.184	0.185
	（1.520）	（1.580）	（1.585）
Big4	4.568 ***	4.569 ***	4.558 ***
	（13.265）	（13.262）	（13.212）
Top1	−0.002	−0.002	−0.002
	（−0.597）	（−0.630）	（−0.607）
Growth	−0.001	0.001	0.001
	（−0.012）	（0.012）	（0.022）
ROA	4.650 ***	4.660 ***	4.634 ***
	（4.173）	（4.179）	（4.157）
Loss	0.381 *	0.380 *	0.382 *
	（1.680）	（1.674）	（1.683）
Lisage	−0.029 ***	−0.030 ***	−0.031 ***
	（−2.924）	（−3.105）	（−3.191）
Ind & Year	Yes	Yes	Yes

表5.5(续)

变量	Read		
	（1）	（2）	（3）
_cons	15.376***	15.507***	15.519***
	（10.947）	（11.041）	（11.049）
R-squared	0.067 0	0.066 7	0.066 6
N	18 824	18 824	18 824

注：***、**、* 分别表示在1%、5%、10%水平下显著。

5.5 进一步分析

5.5.1 作用路径检验

前文验证了民营企业党组织治理给企业年报可读性带来的显著改善作用，但前文的研究未解答党组织治理是从哪条路径影响年报可读性这一问题。为此，本章进一步检验民营企业党组织治理对企业年报可读性的作用路径。根据前文的理论分析提出可能的影响路径。已有研究指出，管理层作为企业信息编制与披露者，其文本信息往往要比数字信息具有更大的管理层自由操纵性（赵璨 等，2020）和更低的盈余管理被发现概率（孙健 等，2016），这就使得管理者有强烈动机利用最为隐蔽且后果最小的文本信息操纵方式来操控"文字游戏"，以掩盖不利信息或模糊信息（逯东 等，2020），从而降低企业年报可读性。诸多研究也支持管理者模糊假说并指出，文本信息操纵是管理层进行盈余管理的结果（Li，2008；Loughran & Mcdonald，2014；Ajina et al.，2016；Lo et al.，2017；王克敏 等，2018；Arora & Chaunan，2021）。而党组织作为完善公司治理的新动力，在公司治理结构中，可以通过行使建议权和监督权参与企业的经营决策（马连福 等，2013；陈仕华、卢崇昌，2014；李世刚、章卫东，2018；马骏 等，2021），从多维度协助董事会、监事会及管理层合理、依法履行其职能，满足企业平衡多方利益需求的目的，大力提高董事会、管理层的决策效率和质量，以及扩大监事会对企业监督的覆盖面（唐旭，2022）。由此全面加强对年报信息的监管力度，能够抑制管理者盈余操纵行为（郑登津 等，2020a；郑登津 等，2020b；程海艳 等，2020；陈艳、张武洲，

2022；乔嗣佳 等，2022），此时，作为隐瞒不良业绩、盈余操纵行为的年报文本信息的模糊化和复杂性程度也会随之降低，从而提高企业年报可读性。因此，本章采用盈余管理作为党组织治理影响企业年报可读性的中介变量。对于企业盈余管理指标，参考 Dechow（1995）修正的 Jones 模型。具体的计算公式如下：

$$\frac{\text{TA}_{i,\,t}}{A_{i,\,t-1}} = \beta_0\,\frac{1}{A_{i,\,t-1}} + \beta_1\,\frac{\Delta\text{REV}_{i,\,t}}{A_{i,\,t-1}} + \beta_2\left(\frac{\text{PPE}_{i,\,t}}{A_{i,\,t-1}}\right) + \varepsilon_{i,\,t} \tag{5.2}$$

$$\text{NDA}_{i,\,t} = \hat{\beta}_0\,\frac{1}{A_{i,\,t-1}} + \hat{\beta}_1\,\frac{\Delta\text{REV}_{i,\,t} - \Delta\text{REC}_{i,\,t}}{A_{i,\,t-1}} + \hat{\beta}_2\left(\frac{\text{PPE}_{i,\,t}}{A_{i,\,t-1}}\right) \tag{5.3}$$

$$\text{DA}_{i,\,t} = \frac{\text{TA}_{i,\,t}}{A_{i,\,t-1}} - \text{NDA}_{i,\,t} \tag{5.4}$$

TA：总应计利润=营业利润-经营活动现金流净额；

NDA：非操控性应计利润；

DA：操控性应计利润；

$\Delta\text{REV}_{i,\,t}$：营业收入变动额；

$\Delta\text{REC}_{i,\,t}$：应收账款变动额；

$\text{PPE}_{i,\,t}$：t 期固定资产净额；

$A_{i,\,t-1}$：消除规模效应，用 $t-1$ 年期末总资产。

本章采用三步法中介效应模型以验证该作用路径（温忠麟 等，2004）。具体三步法模型涉及三个步骤：首先，做民营企业党组织治理与年报可读性的回归；其次，做民营企业党组织治理与中介变量的回归；最后，用中介变量和民营企业党组织治理对年报可读性进行回归。具体所构造的模型如式（5.5）、式（5.6）、式（5.7）所示。

$$\begin{aligned}
\text{Read} = {} & \alpha_0 + \alpha_1\text{Party} + a_2\text{Size} + a_3\text{Lev} + a_4\text{Top1} + a_5\text{Loss} + a_6\text{Dire}N + \\
& a_7\text{Indep} + a_8\text{Dual} + a_9\text{Big4} + a_{10}\text{ROA} + a_{11}\text{Lisage} + a_{12}\text{Growth} + \\
& a_{13}\text{Ind} + a_{14}\text{Year} + \varepsilon
\end{aligned} \tag{5.5}$$

$$\begin{aligned}
\text{MV} = {} & \alpha_0 + \alpha_1\text{Party} + a_2\text{Size} + a_3\text{Lev} + a_4\text{Top1} + a_5\text{Loss} + a_6\text{Dire}N + \\
& a_7\text{Indep} + a_8\text{Dual} + a_9\text{Big4} + a_{10}\text{ROA} + a_{11}\text{Lisage} + a_{12}\text{Growth} + \\
& a_{13}\text{Ind} + a_{14}\text{Year} + \varepsilon
\end{aligned} \tag{5.6}$$

$$\begin{aligned}
\text{Read} = {} & \alpha_0 + \alpha_1\text{Party} + a_2\text{MV} + a_3\text{Size} + a_4\text{Lev} + a_5\text{Top1} + a_6\text{Loss} + \\
& a_7\text{Dire}N + a_8\text{Indep} + a_9\text{Dual} + a_{10}\text{Big4} + a_{11}\text{ROA} + a_{12}\text{Lisage} + \\
& a_{13}\text{Growth} + a_{14}\text{Ind} + a_{15}\text{Year} + \varepsilon
\end{aligned} \tag{5.7}$$

作用路径检验的回归结果如表5.6所示。其中，列（1）中Party的回归系数（-0.804）在1%水平下显著，与前文结论一致。列（2）中Party的回归系数（-0.009）在1%水平下显著，说明党组织治理显著抑制了企业高管利用年报文本信息进行盈余管理行为。列（3）中Party的回归系数（-0.769）在1%水平下显著，该系数值在加入了中介变量后虽然仍在1%水平下显著，但数值有所下降，absDA的回归系数（2.100）在1%水平下显著。这说明盈余管理在民营企业党组织治理与年报可读性之间起到了中介传导作用，支持了"党组织治理→抑制盈余管理→提高年报可读性"的作用路径。

表5.6　作用路径检验

变量	Read	absDA	Read
	（1）	（2）	（3）
Party	-0.804***	-0.009***	-0.769***
	（-3.110）	（-3.264）	（-2.933）
absDA			2.100***
			（3.044）
Size	-0.523***	-0.003***	-0.522***
	（-8.079）	（-4.026）	（-7.913）
Dire/N	-0.039	-0.002***	-0.034
	（-0.871）	（-3.528）	（-0.737）
Lev	0.070	0.036***	-0.076
	（0.202）	（8.190）	（-0.217）
Indep	0.032**	-0.000	0.034***
	（2.512）	（-1.012）	（2.621）
Dual	0.174	0.000	0.177
	（1.504）	（0.345）	（1.510）
Big4	4.557***	-0.004	4.691***
	（14.512）	（-1.336）	（14.785）
Top1	-0.002	0.000***	-0.003
	（-0.558）	（3.116）	（-0.664）
Growth	-0.001	0.005***	-0.006
	（-0.027）	（6.290）	（-0.115）
ROA	4.669***	-0.068***	5.123***
	（4.297）	（-3.611）	（4.610）

表5.6(续)

变量	Read	absDA	Read
	（1）	（2）	（3）
Loss	0.385	0.035***	0.396
	(1.601)	(12.100)	(1.612)
Lisage	-0.027***	0.000*	-0.027***
	(-2.823)	(1.857)	(-2.692)
Ind & Year	Yes	Yes	Yes
_cons	15.411***	0.161***	15.075***
	(10.524)	(9.196)	(10.088)
R-squared	0.067 1	0.088 2	0.068 3
N	18 824	18 468	18 379

注：***、**、* 分别表示在1%、5%、10%水平下显著。

5.5.2 异质性分析

公司治理作为企业信息披露质量的重要影响因素（伊志宏 等，2010），公司治理机制的优劣影响着企业进行信息披露的决策。通过前文的检验，民营企业党组织治理作为一种特殊而重要的内部治理机制，能够通过发挥内部监督机制和规避风险机制降低企业信息操纵概率。但是公司治理体系包括内部治理和外部治理两大机制（Gillan，2006），这两大机制之间呈现协调与互补的关系（李维安 等，2019）。良好的外部治理机制一方面可以为党组织治理发挥作用提供有利环境，另一方面可以间接监督和约束企业高管利用年报文本信息进行操纵行为，从而有效提高年报可读性。

然而，根据"法与金融"学派的观点，公司治理体系又在很大程度上内生于公司所处的外部制度环境。除了公司行为会受到市场化环境的直接影响，公司各治理机制作用的发挥也深受其间接影响（于忠泊 等，2012）。那么党组织治理作为一项重要的内部治理制度安排，很大可能会受到市场化制度环境的影响。除了市场化制度环境的影响，民营企业在成长发展过程中，还要不断解决制度环境问题（曹正汉，2006），尤其是经济政策的频繁变动会使企业的经营环境变得复杂多变、难以预测，增加公司经营业绩剧烈波动的风险，从而加大管理层文本信息操纵的动机（丁亚楠、王建新，2021）。因此，本章进一步从企业外部治理机制和制度环境层面来分析民营企业党组织治理与年报可读性之间的关系。

5.5.2.1 基于媒体关注的视角

媒体作为公司外部治理的另一重要主体，其对资本市场信息环境的改善和企业高管行为的约束治理作用日益凸显。Miller（2006）研究发现，媒体通过早期的调查分析，能够对会计欺诈行为的识别起到"看门狗"的作用，为资本市场提供了有益的增量信息。在我国，媒体的治理功能，主要通过媒体报道影响上市公司在资本市场上的声誉以及引起市场监管机构的行政介入来形成对被报道企业行为的约束。尤其是媒体的负面报道，更能引起人们对其负面信息的敏感度和关注度（Cianci & Falsetta，2008），这将导致管理者承担更大的舆论压力或引起市场监管机构的行政介入，从而迫使企业提高企业的年报可读性。因此，本章预测民营企业党组织治理与年报可读性之间的负向关系在媒体关注度低的公司样本中更为显著。

对于媒体关注，本章采用罗进辉等（2018）的做法，媒体关注变量等于上市公司年度媒体负面报道总数+1的对数，该数值越大，说明公司的媒体关注度越高。具体地，如果企业媒体关注指数大于该指数的均值，则设置为媒体关注度高组；反之，则设置为媒体关注度低组，然后进行分组回归检验，表5.7列（1）和列（2）列示了检验结果。回归结果表明，Party的回归系数在媒体关注度低的分组里为−1.092，且在1%水平下显著；在媒体关注度高的分组中在5%水平下显著。但是，采用Bootstrap抽样法再次检验组间系数差异的显著性，所对应的P值为0.080。该回归结果表明民营企业党组织治理能够有效弥补外部媒体监督不力的缺陷，当媒体监督较弱时，党组织治理对民营企业年报可读性的提升作用更为显著。

5.5.2.2 基于审计质量的视角

外部审计往往被看作保证企业财务报告完整性、真实性、准确性的重要外部治理机制（张璇 等，2022）。高质量的审计不仅能够识别企业利用信息进行盈利操纵和寻租行为、利用出具非标审计意见的方式，间接约束管理层的机会主义行为（梁上坤 等，2015）；还可以在审计过程中直接抑制企业盈余管理行为（漆江娜 等，2004）。那么，对于审计质量更低的上市公司，投资者尤其是中小投资者的利益被侵害的程度更大（何慧华、方军雄，2021）；此时，党组织治理作为一种特殊而重要的内部治理补偿机制的需求也更大，这也表明党组织治理对审计质量低的上市公司年报信息质量提高的增量作用会相对强些。因此，本章预测民营企业党组织治理对年报可读性的提高作用在审计质量相对较低的上市公司中更加显著。

本章遵循步丹璐和屠长文（2017）、黄顺武和李雪（2022）的做法，以年度审计费用的自然对数来刻画审计质量指标，然后按照审计费用自然对数的均值将样本分成审计质量高组和审计质量低组。表5.7列（3）和列（4）列示了在审计质量高组和审计质量低组中，党组织治理与年报可读性之间的负向相关关系的显著性差异。从结果中可以看出，党组织治理与年报可读性的回归系数仅在审计质量低组显著为负，进一步，采用Boot-strap抽样法再次检验分组间系数差异的显著性，所对应的 P 值为0.030。该结论表明民营企业党组织治理作为一项重要的补偿机制能够发挥强有力的监督和约束作用，抑制企业管理者操控年报文本信息的机会主义行为，改善年报可读性。

表5.7　基于媒体关注和审计质量视角

变量	Read			
	（1） 媒体关注度高	（2） 媒体关注度低	（3） 审计质量高	（4） 审计质量低
Party	−0.559**	−1.092***	−0.459	−1.204***
	(−2.120)	(−3.290)	(−1.587)	(−4.024)
Size	−0.580***	−0.468***	−0.599***	−0.317***
	(−6.877)	(−4.750)	(−6.330)	(−3.221)
DireN	0.010	−0.105*	−0.058	−0.018
	(0.192)	(−1.788)	(−1.097)	(−0.313)
Lev	0.333	−0.320	−0.018	0.323
	(0.714)	(−0.690)	(−0.038)	(0.712)
Indep	0.056***	0.007	0.052***	0.013
	(3.391)	(0.420)	(3.051)	(0.738)
Dual	0.392**	0.010	0.405**	−0.044
	(2.460)	(0.060)	(2.302)	(−0.283)
Big4	4.672***	4.259***	4.478***	7.998***
	(11.118)	(7.054)	(12.637)	(5.786)
Top1	0.005	−0.009	−0.010*	0.004
	(0.924)	(−1.610)	(−1.761)	(0.681)
Growth	−0.023	0.007	−0.071	0.071
	(−0.308)	(0.077)	(−0.956)	(0.887)
ROA	2.685*	6.536***	3.752**	5.910***
	(1.907)	(3.779)	(2.264)	(4.121)

表5.7(续)

变量	Read			
	(1) 媒体关注度高	(2) 媒体关注度低	(3) 审计质量高	(4) 审计质量低
Loss	−0.119	0.855***	0.586*	0.188
	(−0.378)	(2.607)	(1.774)	(0.601)
Lisage	−0.005	−0.048***	0.003	−0.052***
	(−0.357)	(−3.542)	(0.187)	(−3.700)
Ind & Year	Yes	Yes	Yes	Yes
_cons	15.075***	16.177***	17.274***	11.084***
	(7.971)	(7.316)	(8.197)	(5.071)
R-squared	0.087 5	0.051 8	0.052 1	0.085 6
Test diff. (p-value)	0.090*		0.030**	
N	8 311	10 513	8 896	9 928

注: ***、**、* 分别表示在1%、5%、10%水平下显著。

5.5.2.3 基于经济政策不确定的视角

对于正处于由经济高速增长向高质量发展转变的中国来说，所面临的风险和挑战明显增多，经济发展存在着较大的不稳定不确定因素。为应对风险和挑战所带来的经济下行压力，国家不断进行宏观经济政策的改革与创新，经济政策的不确定性显著增加（陈德球、陈云森，2018），这不仅直接影响宏观经济运行的效率和效果，而且也会通过资本市场机制传导至微观企业，并对企业的经营和决策产生重大影响。经济政策的频繁变动会使企业的经营环境变得复杂多变、难以预测，增加公司经营业绩剧烈波动的风险，从而加大管理层进行盈余管理动机（黄庆成 等，2022）。年报中文本信息约占80%（Lo et al.，2017），相较于数字信息，文本信息操纵具有强隐蔽性和低成本性（逯东 等，2020）。面对外部不确定的环境，企业管理层有更强烈的动机运用晦涩难懂、语言逻辑混乱的文本信息来进行策略性披露，从而导致年报可读性更差（丁亚楠、王建新，2021）。党组织在民营企业的存在，作为一种监督和约束力量，能够更加科学及时地应对外部环境的不确定危机，保持社会稳定和处置突发事件（蒋铁柱、沈桂龙，2006），具有较高的抗风险和规避不确定性冲击的能力。因此，本章预测民营企业党组织治理对年报可读性的改善作用在经济政策不确定性大的上市公司中更显著。

本章参考（彭俞超 等，2018；丁亚楠、王建新，2021）的做法，采用 Baker 等（2016）基于《南华早报》(*South China Moring Post*) 这一新闻报道检索平台，首先以关键词搜索所构建的中国经济政策不确定性指数，然后进一步计算出当年各月份经济政策不确定指数的算术平均值的对数，将月份指标对数转换为年度指标对数，最后除以 100 进行标准化处理作为经济政策不确定性的最终代理指标（EPU）。

为检验不同制度环境下民营企业党组织治理对年报可读性的影响，本章将经济政策不确定性设为分组变量。将上市公司经济政策不确定性指数的均值为分组标准，如果企业面临的经济政策不确定性低于该指数的均值，则分为经济政策不确定性低组；如果高于该指数的均值，则分为经济政策不确定性高组。如果党组织治理 Party 系数在不同的分组样本中存在显著差异，则说明在不同的外部环境下，党组织治理对民营企业年报可读性的影响不同。

根据模型（5.1）在不同经济政策不确定性环境下对党组织治理对年报可读性的影响进行检验。回归结果如表 5.8 列（1）和列（2）所示，当经济政策不确定性高时，党组织治理 Party 的系数为 -1.241，在 1% 水平下显著。当经济政策不确定性低时，党组织治理 Party 的系数为 -0.623，也在 1% 水平下显著。但进一步采用 Bootstrap 抽样法再次检验组间系数差异的显著性时，所对应的 P 值则为 0.030，表明当经济政策不确定性更高时，党组织治理提升年报可读性的作用更明显。这主要因为党组织治理的民营企业能够更加科学及时地应对外部环境的不确定危机，具有较高的抗风险和规避不确定性冲击的能力，从而有效降低经济政策不确定性冲击引致的文本信息操纵风险。因此，相对于经济政策不确定性低时，经济政策不确定性高时，党组织治理提升民营企业年报可读性的作用更明显。

5.5.2.4 基于法制环境的视角

根据"法与金融"学派的观点，公司治理体系又在很大程度上内生于公司所处的外部制度环境。市场化环境不仅会直接影响公司的行为决策，还间接干预着公司各治理机制的有效运作（于忠泊 等，2012）。那么党组织治理作为一项重要的内部治理制度安排，很大可能会受到市场化制度环境的影响。

然而，我国不同地区的经济发展水平不一，这就为各地区的法制环境带来较大的差异性（王小鲁 等，2019）。一般来说，在法制环境较好的地区，相应的法律制度更为成熟和完善，市场完善程度也相对较高，为保障党组织治理在民营企业公司治理结构中的嵌入效率和执行效力提供了有利的外部环境（方红星 等，2017）。因此，本章预测，相比于法制环境差的地区，民营企业党组织治理对企业年报可读性的改善作用在法制环境较好的地区更强。

本章参考于明洋等（2022）、方红星等（2017）的做法，对于法制环境变量，选取王小鲁等（2019）发布的《中国分省份市场化指数报告》中的"市场中介组织的发育和法律制度环境"分项指数。具体地，如果企业注册地该分项指数大于该分项指数的行业均值，则设置为法制环境好组；反之，则设置为法制环境差组，然后进行分组回归检验。如果党组织治理Party系数在不同的分组样本中存在显著差异，则说明在不同的外部环境下，党组织治理对民营企业年报可读性的影响不同。其结果由表5.8列（3）和列（4）汇报。回归结果表明，Party的回归系数在法制环境好的分组里为−1.107，且在1%水平下显著；在差的分组中在5%水平下显著。进一步地，采用Bootstrap抽样法再次检验组间系数差异的显著性，所对应的P值则为0.030。该回归结果表明良好的外部法制环境强化了民营企业党组织治理对企业年报可读性的提升作用。

表5.8　基于经济政策不确定性和法制环境视角

变量	Read			
	（1） EPU 高	（2） EPU 低	（3） 法制环境好	（4） 法制环境差
Party	−1.241 ***	−0.623 ***	−1.107 ***	−0.593 **
	（−3.086）	（−2.579）	（−3.671）	（−2.067）
Size	−0.627 ***	−0.455 ***	−0.712 ***	−0.265 ***
	（−5.580）	（−6.198）	（−8.356）	（−2.890）
DireN	−0.040	−0.032	−0.151 ***	0.079
	（−0.542）	（−0.700）	（−2.833）	（1.393）
Lev	0.209	−0.178	−0.199	0.482
	（0.335）	（−0.462）	（−0.448）	（0.977）
Indep	0.045 **	0.025 *	0.010	0.058 ***
	（1.979）	（1.751）	（0.598）	（3.372）
Dual	−0.019	0.295 **	0.133	0.232
	（−0.089）	（2.245）	（0.846）	（1.384）

表5.8(续)

变量	Read			
	(1) EPU 高	(2) EPU 低	(3) 法制环境好	(4) 法制环境差
Big4	3.224 ***	5.573 ***	4.489 ***	4.754 ***
	(6.525)	(11.935)	(10.482)	(8.367)
Top1	−0.018 **	0.006	−0.005	−0.000
	(−2.522)	(1.282)	(−0.841)	(−0.050)
Growth	−0.250 **	0.074	0.003	−0.004
	(−2.564)	(1.094)	(0.041)	(−0.040)
ROA	5.368 ***	4.454 ***	4.375 ***	5.832 ***
	(2.997)	(3.263)	(2.976)	(3.526)
Loss	0.539	0.286	0.373	0.466
	(1.414)	(1.012)	(1.259)	(1.320)
Lisage	−0.040 **	−0.015	−0.010	−0.053 ***
	(−2.359)	(−1.324)	(−0.758)	(−3.596)
Ind& Year	Yes	Yes	Yes	Yes
_cons	23.448 ***	13.898 ***	21.626 ***	7.710 ***
	(9.211)	(8.566)	(10.886)	(3.902)
R−squared	0.017 6	0.087 2	0.045 4	0.095 2
Test diff. (p−value)	0.030 **	0.030 **		
N	6 810	12 014	11 154	7 670

注：*** 、** 、* 分别表示在1%、5%、10%水平下显著。

5.6 稳健性检验

本章的研究结果可能受到样本自选择、反向因果、遗漏变量等内生性问题的干扰，为了保证研究结果的可靠性，本章采用如下方法进行稳健性检验。

5.6.1 更换年报可读性指标

本章使用专业术语密度这一负向指标作为年报可读性的替代变量，以再次验证党组织治理对年报可读性的影响。对模型（5.1）进行再次回归，表5.9列（1）汇报的回归结果显示，党组织治理（Party）的回归系数为

−0.834，并在 1%水平下显著为负，意味着本章结论具有较强的稳健性。

5.6.2 更换党组织治理指标

中国民营上市公司大多数董事长是企业的实际控制者，具有较高的话语权和决策权（戴亦一 等，2017）。而民营上市公司的董事长交叉任职方式又赋予了董事长更为集中的权力（乔嗣佳 等，2022），强化其话语权和决策权，从而更为有效地促进党组织在公司治理中的参与程度（王舒扬 等，2019）。因此，对于党组织治理指标，本章采用董事长是否兼任党委书记的虚拟变量进行测度。对模型（5.1）进行再次回归，表 5.9 列（2）汇报的回归结果显示，党组织治理（Party）的回归系数在 10%水平下显著为负，表明本章结论保持不变。

5.6.3 删除政策影响时段样本

2012 年 11 月召开了中国共产党第十八次全国代表大会，加大了党的建设力度，并于同年 12 月，中共中央政治局审议通过了中央八项规定。党的建设力度和中央八项规定的出台不仅对国有企业高管产生了较大的直接影响，对非公有企业高管尤其是党员干部也产生了较大的间接约束。此外，2012 年 5 月，《关于加强和改进非公有制企业党的建设工作的意见（试行）》的发布，使得民营企业和企业家一同被纳入党组织的制度层面范畴，有效解决了民营企业党建的制度障碍（章高荣，2019）。因此，为了避免党的十八大的召开和指导意见对研究结果的影响，本章对剔除 2012 年和 2013 年数据后的样本重新进行回归，检验结果如表 5.9 列（3）所示。Party 的回归系数具有 1%水平的负显著性，表明民营企业党组织治理能有效提升企业年报可读性，仍与假设 5.1 一致。

表 5.9　更换年报可读性和党组织治理指标、剔除政策影响时段

变量	Read		
	（1）更换年报可读性指标	（2）更换党组织治理指标	（3）剔除政策影响时段
Party	−0.834**	−0.670*	−0.817***
	（−2.423）	（−1.658）	（−3.574）
Size	−2.518***	−0.524***	−0.568***
	（−34.257）	（−8.315）	（−8.364）

表5.9(续)

变量	Read		
	（1） 更换年报可读性指标	（2） 更换党组织治理指标	（3） 剔除政策影响时段
DireN	-0.211 ***	-0.045	-0.020
	(-4.218)	(-1.141)	(-0.466)
Lev	0.704 **	0.058	0.092
	(2.003)	(0.175)	(0.256)
Indep	0.011	0.032 ***	0.040 ***
	(0.896)	(2.665)	(2.989)
Dual	-0.161	0.184	0.179
	(-1.428)	(1.580)	(1.395)
Big4	-1.510 ***	4.560 ***	4.216 ***
	(-4.775)	(13.221)	(12.387)
Top1	0.017 ***	-0.003	-0.005
	(4.045)	(-0.694)	(-1.176)
Growth	0.331 ***	0.002	-0.029
	(4.934)	(0.041)	(-0.514)
ROA	-1.726 *	4.604 ***	4.406 ***
	(-1.704)	(4.129)	(3.673)
Loss	-0.004	0.373	0.456 *
	(-0.015)	(1.642)	(1.831)
Lisage	0.142 ***	-0.031 ***	-0.038 ***
	(12.886)	(-3.235)	(-3.547)
Ind & Year	Yes	Yes	Yes
_cons	114.257 ***	15.468 ***	16.092 ***
	(62.197)	(11.020)	(10.667)
R-squared	0.217 2	0.066 6	0.050 7
N	18 824	18 824	16 205

注：***、**、*分别表示在1%、5%、10%水平下显著。

5.6.4 双向固定效应模型

为了排除公司不可观测的不随时间变化的遗漏变量的内生性影响，本章使用双向固定效应模型对主回归进行重新检验。表5.10列（1）显示，Party的回归系数在5%水平下显著为负，仍然支持假设5.1。

5.6.5 党组织治理滞后一期

由于党组织成员与企业其他高管之间形成配合需要时间以及党组织的影响力对企业年报可读性产生影响也需要时间，党组织治理对企业年报可读性的改善效果可能存在一定的滞后性。本章将对党组织治理变量和控制变量采用上期数据进行重新回归以再次检验假设5.1，该方法也在一定程度上缓解了反向因果关系带来的内生性问题。结果如表5.10列（2）所示，滞后一期的党组织治理（Party）的回归系数为-0.581，且在5%水平下显著，表明民营企业党组织治理对企业年报可读性产生显著的提升作用，进一步支持了本章的结论。

5.6.6 倾向得分匹配法

本章采用倾向得分匹配法（PSM）来解决样本自选择的内生性问题。具体操作为，首先，依据是否存在党组织治理将样本分为实验组和控制组，将存在党组织治理的样本公司设置为实验组，不存在党组织治理的样本公司设置为控制组。其次，根据企业上市年龄（Lisage）、董事会规模（Dire$N$）、两职兼任（Dual）、独立董事比例（Indep）、资产负债率（Lev）、总资产收益率（ROA）、企业成长性（Growth）等变量，进行1∶4的邻近配对，然后通过t检验对匹配过程进行平衡性验证。从验证结果表5.11中可以看出，被合理匹配后的变量均值都未表现出明显差异，其标准化误差均小于10%，证明该匹配是有效的。最后，运用模型（5.1）对经过匹配后所得到的PSM公司样本对假设5.1进行回归检验。表5.10列（3）汇报的是匹配后进行回归的结果，Party的回归系数（-0.933）通过了显著性检验，即民营企业党组织治理对企业年报可读性产生显著改善作用，其结果与主回归检验结果保持一致。

5.6.7 安慰剂检验（placebo test）

为进一步排除其他不可观测随机因素对研究结果造成的干扰，本章参照 Cornaggia（2015）的做法，采用安慰剂检验以保证主回归检验结果的可靠性。具体做法为，首先，将党组织治理的观测值在样本公司间打乱随机重新匹配，然后用打乱重新匹配后的党组织治理变量对模型（5.1）重新进行回归。如果上市公司年报可读性不是受党组织治理的影响而是受其他未被观测到的因素影响，那么，随机匹配后的党组织治理（Party）的回归系数应该显著；如果上市公司年报可读性确实受到党组织治理的影响，随机匹配后党组织治理（Party）的回归系数则不显著。具体回归结果如表5.10列（4）所示，党组织治理（Party）与年报可读性的回归系数不显著，说明本章结论并未受到其他遗漏变量的影响，再次证实在排除了其他不可观测随机因素的干扰后本章主要研究结论仍稳健。

表5.10　双向固定效应、党组织治理滞后一期、倾向得分匹配法（PSM）、
安慰剂检验

变量	Read			
	（1）双向固定效应模型	（2）党组织治理滞后一期	（3）倾向得分匹配法	（4）安慰剂检验
Party	-0.742**	-0.581**	-0.933***	-0.190
	(-2.571)	(-2.505)	(-3.886)	(-0.598)
Size	-0.421***	-0.502***	-0.422***	-0.527***
	(-4.120)	(-7.339)	(-3.267)	(-8.367)
Dire$N$	-0.152***	-0.012	-0.051	-0.047
	(-2.696)	(-0.291)	(-0.708)	(-1.191)
Lev	-0.033	-0.196	0.300	0.060
	(-0.080)	(-0.531)	(0.427)	(0.183)
Indep	-0.027*	0.036***	0.051**	0.032***
	(-1.887)	(2.801)	(2.108)	(2.663)
Dual	0.089	0.139	-0.071	0.185
	(0.674)	(1.115)	(-0.287)	(1.593)
Big4	5.206***	4.337***	4.523***	4.562***
	(10.745)	(12.591)	(7.785)	(13.219)
Top1	-0.005	-0.002	-0.008	-0.002
	(-0.684)	(-0.491)	(-1.095)	(-0.605)
Growth	-0.010	-0.038	-0.115	0.002
	(-0.202)	(-0.700)	(-1.251)	(0.028)
ROA	2.270**	5.277***	2.823	4.638***
	(2.335)	(4.137)	(1.358)	(4.163)
Loss	-0.037	0.775***	0.170	0.382*
	(-0.194)	(2.958)	(0.370)	(1.683)
Lisage	0.390***	-0.005	-0.013	-0.031***
	(14.092)	(-0.423)	(-0.661)	(-3.221)

表5.10(续)

变量	Read			
	（1） 双向固定效应 模型	（2） 党组织治理 滞后一期	（3） 倾向得分 匹配法	（4） 安慰剂检验
Ind & Year	Yes	Yes	Yes	Yes
_cons	16.547 ***	15.658 ***	12.952 ***	15.527 ***
	(7.494)	(10.373)	(4.783)	(11.083)
R-squared	0.076 7	0.058 6	0.083 4	0.066 6
N	18 824	15 901	3 892	18 824

注：***、**、*分别表示在1%、5%、10%水平下显著。

表 5.11 平衡性检验

变量	Unmatched Matched	Mean		%bias	%reduct | bias |	t-test	
		Treated	Control			t	p>| t |
Lisage	U	12.59	7.783 5	73.0	98.8	22.35	0.000
	M	12.59	12.531	0.9		0.18	0.857
Dire/N	U	8.959 8	8.222 9	47.2	90.7	14.03	0.000
	M	8.959 8	8.891 2	4.4		0.92	0.357
Dual	U	0.199 78	0.365 8	−37.5	89.2	−10.14	0.000
	M	0.199 78	0.181 92	4.0		0.96	0.336
Indep	U	36.205	37.765	−31.8	92.3	−8.64	0.000
	M	36.205	36.085	2.5		0.59	0.558
Lev	U	0.046 4	0.391 19	37.3	96.3	10.75	0.000
	M	0.046 4	0.466 68	−1.4		−0.29	0.774
ROA	U	0.039 94	0.042 25	−3.4	44.9	−0.93	0.352
	M	0.039 94	0.041 21	−1.9		−0.39	0.694
Growth	U	0.369 02	0.386 75	−1.6	78.1	−0.50	0.617
	M	0.369 02	0.372 9	−0.4		−0.08	0.940

5.7 本章小结

本章以2007—2020年沪深A股民营上市公司为研究对象，基于Python

文本挖掘技术获取年报可读性基础性数据，从句间逻辑关系即逆接成分密度衡量民营上市公司年报可读性指标，系统探讨民营企业党组织治理对公司年报可读性的影响以及作用路径。研究发现：①民营企业党组织治理能够显著提高公司年报可读性。其中，党组织治理进入董事会和管理层的治理方式能够显著提高公司年报可读性，而党组织治理进入监事会的治理方式对于公司年报可读性的提升尚未充分发挥显著的功效。②民营企业党组织治理能够通过约束公司年报数字信息盈余操纵进而提高其年报可读性。③民营企业党组织治理对上市公司年报可读性的提升作用还会受到外部治理和制度环境的影响。公司的媒体关注度低、审计质量低、经济政策不确定性高以及公司注册地的法制环境较好时，民营企业党组织治理对公司年报可读性的提升作用更明显。④为了验证本章结论的可靠性，分别通过更换年报可读性指标、更换党组织治理指标、删除政策影响时段样本、通过双向固定效应、解释变量和控制变量滞后一期、倾向得分匹配法（PSM）以及安慰剂检验之后，本章的主回归结果依然成立。

本章研究具有如下几点启示：首先，年报可读性是衡量上市公司信息披露质量的一个重要指标，上市公司披露简洁清晰、通俗易懂、可理解性高的年报也是上市公司的重要责任。其次，党组织治理会重点关注投资者对年报信息解读效率，保护投资者的利益，有效提升民营上市公司年报的可阅读性和可理解性，避免年报文本信息的复杂性、难懂性和模糊化。在实证检验层面，党组织治理能够有效地发挥其内部治理作用，提升公司年报文本信息的可读性，并能够约束公司利用数字信息进行盈余管理行为，从而提高年报可读性，使民营上市公司年报所披露的信息被使用者有效解读。最后，外部治理机制和制度环境在党组织进行有效治理和改善年报可读性方面产生了或利或弊的影响。监管机构应为外部制度环境和治理机制充分发挥监督作用提供有利条件和政策支持，充分发挥外部治理的监督约束功能，形成企业党组织内部治理和外部治理机制、制度环境相互协调、相互补充的良好治理环境，同时还应注意防范宏观层面的经济政策不确定性给微观企业经营和决策带来的负面影响。

6 研究结论、局限性 及政策建议

本章主要包括三方面的内容：首先，对本书检验所得的主要结论做整体的总结、归纳；其次，总结本书所存在的局限性；最后，基于研究结论，为进一步优化民营企业党组织治理制度和提升上市公司信息披露质量，提出相应的政策建议。

6.1 研究结论

本书依托民营上市公司党组织治理的制度背景，以信息披露质量为逻辑起点，涵盖年报数字信息披露和文本信息披露内容，遵循信息"编制阶段→披露阶段→解读阶段"的传递流程，在此基础上，从财务重述、信息披露违规和年报可读性三个维度系统地构建研究框架，以2007—2020年我国沪深A股民营上市公司为研究样本，从多维度视角深入探讨民营上市公司党组织治理对其信息披露质量的影响及作用路径。最终得出以下几个方面的主要研究结论：

第一，民营企业党组织治理能够显著抑制公司财务重述。该结论经过更换模型、更换党组织治理和财务重述指标、党组织治理变量滞后一期、倾向得分匹配、工具变量法等一系列稳健性检验后仍然成立。进一步地，从参与党组织治理不同对象角度进行的实证检验得出，党组织治理进入董事会的治理方式能够显著抑制财务重述，但是党组织治理进入管理层和监事会均未发挥显著的抑制作用。作用路径检验发现，党组织治理通过发挥加强内部监督和缓解融资压力机制降低了企业财务重述的倾向性。异质性检验发现，民营企业党组织治理对企业财务重述的抑制作用会受到外部治理机制和制度环境的影响。具体而言，民营企业党组织治理对行业竞争较为激烈、非行业管制、媒体关注度低以及处于法制环境较为完善地区的公司财务重述的抑制作用更为显著。这一研究结论为党组织在民营上市公司与外部治理机制及制度环境形成有效配合和补充，发挥对上市公司信息披露质量的联动治理效应提供了重要参考。

第二，民营企业党组织治理能够显著抑制公司信息披露违规。该结论经过更换模型、更换党组织治理和信息披露违规指标、党组织治理变量滞后一期、倾向得分匹配、工具变量法等一系列稳健性检验后仍然成立。进一步地，从党组织治理不同参与对象角度进行的实证检验得出，党组织治理进入董事会和管理层的治理方式能够显著抑制企业信息披露违规，但是党组织治理进入监事会未发挥显著的抑制作用。作用路径检验发现，党组织治理通过发挥加强内部监督和降低企业风险水平，降低了企业信息披露违规的概率。异质性检验发现，民营企业党组织治理对企业信息披露违规的抑制作用会受到外部治理机制和制度环境的影响。具体而言，民营企业党组织治理对行业竞争较为激烈、非行业管制、分析师关注度低，以及处于法制环境较为完善地区的公司信息披露违规的抑制作用更为显著。这一研究结论为党组织在民营上市公司与外部治理机制及制度环境形成有效配合和补充，对发挥上市公司信息披露质量的联动治理效应提供了重要参考。

第三，民营企业党组织治理能够显著提高民营上市公司年报可读性。该结论经过双向固定效应模型、更换党组织治理和年报可读性指标、党组织治理变量滞后一期、倾向得分匹配、安慰剂检验等一系列稳健性检验后仍然成立。进一步地，从参与党组织治理不同对象角度进行的实证检验得出，党组织治理进入董事会和管理层的治理方式能够显著提高民营上市公司年报可读性，但是党组织治理进入监事会未发挥显著的提升作用。作用路径检验发现，党组织治理通过抑制企业管理层盈余管理行为提高企业年报可读性。异质性检验发现，民营企业党组织治理对企业年报可读性的提升作用会受到外部治理机制和制度环境的影响。具体而言，民营企业党组织治理对媒体关注度较低、审计质量较差、经济政策不确定性高以及处于法制环境较为完善地区的公司年报可读性的提升作用更为显著。这一研究结论不仅为党组织在民营上市公司与外部治理机制及制度环境形成有效配合和补充，对发挥上市公司信息披露质量的联动治理效应提供了重要参考，还为民营企业有效防范宏观经济政策不确定性所带来的经营风险提供了重要实证经验。

6.2　本书局限性

本书全面、系统地考察了民营企业党组织治理对信息披露质量的影响以及作用路径，具体而言，考察了民营企业党组织治理与财务重述、信息披露违规和年报可读性之间的关系，具有一定的增量贡献和独特性。但限于作者有限的学术水平和研究能力，全书还有以下几点不足，需要在未来的研究中进一步改进：

第一，民营企业党组织治理度量方式存的局限性。现有文献对于党组织治理指标采用不同的度量方式，且都具有合理性和科学性。但是，本人的研究能力有限，难以设计出一个被广泛认可的党组织治理指标，因此，本书的民营企业党组织治理指标也是借鉴现有文献的常用做法，尽可能地采取较为合理和切合实践的衡量方式。这些需要改进和完善的地方，可以在未来的研究中去继续深入挖掘。

第二，公司对外披露的信息中，除了数字信息，还存在大量的文本信息，随着文本分析技术在财务领域的运用，对年报可读性指标的衡量方式呈现多样性。虽然本书对于年报可读性指标分别采用逆接成分密度和专业术语密度作为主回归分析和稳健性检验的衡量方式，但两者均是单一维度的衡量方式，因此，未来的研究中可以从多维度视角构建具有综合性的度量指标来作为年报可读性的替代变量。

第三，在有关资本市场的实证研究中，最为复杂的、最难处理的当属样本选择偏误、反向因果、遗漏变量等内生性问题。现实中，民营企业建立党组织治理制度并非强制要求，民营企业引入党组织治理的动机较为复杂。尽管本书已经借助经典的倾向得分匹配法、工具变量法、安慰剂检验、变量滞后一期等方法缓解样本选择偏误、反向因果、遗漏变量等内生性问题，但所可能存在的内生性问题并不能依靠这些方法得以完全解决，在未来的研究中仍应关注内生性问题的处理。

6.3 政策建议

第一，政府层面，我国经济发展的最终目标是实现共同富裕，而这一目标的实现必须将党的领导与市场配置资源的决定性作用有效结合。党组织治理作为具有中国特色的公司内部治理制度，有力推动着微观企业和经济的高质量发展。本书以民营上市公司为研究样本，发现党组织治理对民营上市公司信息披露质量具有提升作用。因此，首先，政府在强制要求加强党对国有企业的领导核心地位和建立党组织治理制度的同时，应当重视党对民营企业的领导，建立和完善适合民营企业公司治理模式的党组织治理制度，促进民营企业高质量发展。其次，政府应当厘清党组织治理与民营企业各治理主体的责权边界，搭建起"优势互补、双重监督、协调运作"的公司治理机制。同时，也应在党组织治理具体实施的基本逻辑框架内，设计合理、匹配的党组织治理责任。最后，如果有党组织在民营企业经营决策中发生滥用职权、不当治理行为的，党组织成员应当承担政治责任、法定责任及经济责任等，建立和完善党组织治理的声誉机制，从而强化党组织在民营企业中的治理效果。

第二，公司层面，民营企业存在着治理制度不完善和信息披露问题，而加强党对民营企业的领导是民营企业改善公司治理绩效的内在需求。首先，本书的研究结论表明，党组织治理能够通过加强内部监督、缓解融资压力、降低经营风险以及抑制盈余管理行为显著提高民营企业的信息披露质量。因此，民营企业应当强化党组织治理机制，建立、健全完善的内部控制重要制度，推动党组织在企业经营和决策过程的积极参与，加强对企业高管人员政治思想、价值观的引领和塑造，加强党组织作为民营企业与国家之间的沟通桥梁作用，从而为党组织嵌入公司各治理主体发挥积极治理效应提供有利的内外部条件。其次，本书研究发现，党组织治理对民营上市公司信息披露质量产生了显著的提升作用，但随着党组织治理参与的对象不同，其发挥的作用存在着显著差异。因此，民营企业应当结合自身行业特性、内部治理结构，设计符合自身发展需求的党组织治理机制，进一步优化党组织进入董事会的治理模式，提升党组织进入管理层的治理融合度，加强党组织进入监事会的治理效果，以便全面发挥公司各治理主体的效能。最后，本书发现，企业外部治理机制和制度环境显著影响着党组织治理与信息披露质量的关系。因此，民营企业在完善内部治理结构的同时，还需要关注外部治理机制和制度环境的影响，确保企业党组织治理模式与外部治理机制和制度环境相协调，增强民营企业面对外部宏观不确定制度环境的抗风险能力。

第三，监管层面，要提高民营企业的信息披露质量，除了需要不断健全和完善企业自身的内部治理机制，还需要监管部门积极配合民营企业党组织的监管治理工作，加强民营上市公司信息披露制度规范，为资本市场的高质量发展保驾护航。一方面，监管机构更多的是关注数字信息披露问题，并对数字信息披露的违规违法行为制定了明确的处罚措施，但是当前的处罚力度仍然不足，监管机构需要进一步加大处罚力度。另一方面，文本信息披露质量也逐渐受到监管机构的重视，2019 年修订后的《证券法》和 2021 年修订后的《上市公司信息披露管理原则》分别对上市公司文本信息的披露做出"简明清晰、通俗易懂"的明确要求，但是相比于发达国家，我国监督机构对文本信息披露制度的规范仍然存在较大差距。因此，监管机构在确保数字信息披露真实、及时、完整的同时，还应当加强民营企业文本信息披露制度的规范，制定更为具体、清晰的文本信息披露制度，出台和数字信息披露制度类似的违规处罚机制，以提升监管机构对上市公司信息披露（包括数字信息披露和文本信息披露）的整体监督力度，提高信息披露质量和信息传递效率，为资本市场的有效运行提供制度保障。

参考文献

波兰尼, 2007. 大转型: 我们时代的政治与经济起源 [M]. 冯钢, 刘阳, 译. 杭州: 浙江人民出版社.

步丹璐, 屠长文, 2017. 外资持股、制度环境与审计质量 [J]. 审计研究 (4): 65-72.

卜君, 2022. 董秘变更与信息披露质量 [J]. 会计研究 (1): 9-28.

蔡贵龙, 卢锐, 马新啸, 2021. 非国有股东委派董事与国有上市公司财务重述 [J]. 中山大学学报 (社会科学版) (1): 185-195.

曹正汉, 2006. 从借红帽子到建立党委: 温州民营大企业的成长道路及组织结构之演变 [J]. 中国制度变迁的案例研究 (第五集) (5): 82-140.

车响午, 彭正银, 2018. 上市公司董事背景特征与企业违规行为研究 [J]. 财经问题研究 (1): 69-75.

陈德球, 陈运森, 2018. 政策不确定性与上市公司盈余管理 [J]. 经济研究 (6): 97-111.

陈红, 胡耀丹, 纳超洪, 2018. 党组织参与公司治理、管理者权力与薪酬差距 [J]. 山西财经大学学报 (2): 84-97.

陈林, 龙菲, 2022. 基层党组织参与公司治理的高质量发展效应研究 [J]. 东岳论丛 (6): 138-148.

陈其安, 唐书香, 2022. 党委党组"讨论前置"决策机制能提高国有企业绩效吗?: 基于准自然实验的研究 [J]. 外国经济与管理 (1): 1-15.

陈世瑞, 2012. 国企党建与法人治理结构协同性初探 [J]. 华东经济管理 (1): 105-109.

陈仕华, 卢昌崇, 2014. 国有企业党组织的治理参与能够有效抑制并购中的"国有资产流失"吗? [J]. 管理世界 (5): 106-120.

陈伟宏，钟熙，宋铁波，2018. CEO 任期、分析师关注度与企业慈善捐赠 [J]. 当代财经 (9): 70-79.

陈晓华，2019. 国有企业法律规制与政治规制：从竞争到融合 [J]. 法学评论 (6): 110-124.

陈艳，张武洲，2022. 国有企业党组织"把方向"能有效抑制财务舞弊吗?：基于"讨论前置"机制的准自然实验 [J]. 中国软科学 (1): 182-192.

陈英，李秉祥，李越，2015. 经理人特征、管理层防御与长期资产减值政策选择 [J]. 管理评论 (6): 140-147.

程博，宣扬，潘飞，2017. 国有企业党组织治理的信号传递效应：基于审计师选择的分析 [J]. 财经研究 (3): 69-80.

程海艳，李明辉，王宇，2020. 党组织参与治理对国有上市公司盈余管理的影响 [J]. 中国经济问题 (2): 45-62.

初明利，贾元昌，2012. 党的建设在非公企业公司治理中的作用与途径 [J]. 中州学刊 (5): 21-24.

戴亦一，潘越，刘思超，2011. 媒体监督，政府干预与公司治理：来自中国上市公司财务重述视角的证据 [J]. 世界经济 (11): 121-144.

戴亦一，余威，宁博，等，2017. 民营企业董事长的党员身份与公司财务违规 [J]. 会计研究 (6): 75-81, 97.

丁亚楠，王建新，2021."浑水摸鱼"还是"自证清白"：经济政策不确定性与信息披露：基于年报可读性的探究 [J]. 外国经济与管理 (11): 70-85.

董志强，魏下海，2018. 党组织在民营企业中的积极作用：以职工权益保护为例的经验研究 [J]. 经济学动态 (1): 14-26.

窦欢，邱威，刘媛媛，等，2021. 关联独立董事的公司治理作用：基于财务重述的视角 [J]. 审计研究 (5): 98-108.

杜勇，胡红燕，2022. 机构共同持股与企业财务重述 [J]. 证券市场导报 (2): 67-79.

方红星，张勇，王平，2017. 法制环境，供应链集中度与企业会计信息可比性 [J]. 会计研究 (7): 33-40.

付佳迪，邱观建，2017. 从组织覆盖到工作覆盖：非公党建的制度变迁 [J]. 江汉论坛 (2): 45-48.

付景涛，刘路瑶，林涛，等，2021. 国企党建融入中心工作的路径规划：信任理论的视角［J］. 海南大学学报（人文社会科学版）(3): 106-114.

高芳，2016. 公司治理、管理者代理问题与财务重述研究［J］. 南开管理评论 (3): 168-177.

龚广祥，王展祥，2020. 党组织建设与民营企业生命力：基于企业软实力建设的视角［J］. 上海财经大学学报 (3): 35-49.

谷溪，乔嗣佳，2021. 国企混改治理效果的资本市场证据：基于信息披露违规事件的实证检验［J］. 财政科学 (9): 55-72.

郝健，张明玉，王继承，2021. 国有企业党委书记和董事长"二职合一"能否实现"双责并履"？：基于倾向得分匹配的双重差分模型［J］. 管理世界 (12): 195-208.

郝铁川，2003. 从统治到治理：论强政党、小政府与大社会［J］. 马克思主义与现实 (6): 56-69.

何平林，孙雨龙，宁静，等，2019. 高管特质、法治环境与信息披露质量［J］. 中国软科学 (10): 112-128.

何威风，刘启亮，2010. 我国上市公司高管背景特征与财务重述行为研究［J］. 管理世界 (7): 144-155.

何威风，2010. 财务重述：国外研究述评与展望［J］. 审计研究 (2): 97-102.

何轩，马骏，2018. 党建也是生产力：民营企业党组织建设的机制与效果研究.［J］社会学研究 (3): 1-25.

何增科，1996. 新制度主义：从经济学到政治学［M］. 北京：三联书店.

何慧华，方军雄，2021. 监管型小股东的治理效应：基于财务重述的证据［J］. 管理世界 (12): 176-194.

贺康，逯东，张立光，2023. 家族企业创始控制与企业创新投入［J］. 南开管理评论 (2): 1-18.

黄杰，郑静，2022. 党建驱动慈善：民营企业中党组织的公益效应与机制研究［J］. 公共管理评论 (3): 124-147.

黄庆成，闻岳春，陈秋昊，2022. 经济政策不确定性对企业真实盈余管理的影响［J］. 证券市场导报 (5): 69-79.

黄顺武，李雪，2022. 融券卖空与信披违规：一个准自然实验的证据［J］. 南京审计大学学报 (3): 72-81.

江新峰，张敦力，李欢，2020. "忙碌" 独董与企业违规 [J]. 会计研究 (9)：85-104.

江媛，王治，2019. 董事会报告可读性、制度环境与分析师预测：来自我 国上市公司的经验证据 [J]. 财经理论与实践 (3)：88-93.

江泽民，1997. 高举邓小平理论伟大旗帜把建设有中国特色社会主义事业 全面推向二十一世纪：在中国共产党第十五次全国代表大会上的报告 （1997 年 9 月 12 日）[M]. 北京：人民出版社.

蒋铁柱，沈桂龙，2006. 企业党建与公司治理的融合 [J]. 社会科学 (1)：144-153.

蒋政，2006. 内部合理性：私营企业党组织存在的理由 [J]. 中州学刊 (5)：22-25.

焦连志，2015. 利益逻辑与政治逻辑：非公经济组织中政党组织扩张的张 力与弥合 [J]. 求实 (12)：37-43.

柯绍清，2022. 党的十八大以来国有企业党的建设研究述评 [J]. 思想理 论教育导刊 (1)：142-148.

雷啸，唐雪松，郑宇新，2019. 放松卖空管制能抑制上市公司违规吗 [J]. 当代财经 (4)：119-130.

李春涛，刘贝贝，周鹏，等，2018. 它山之石：QFII 与上市公司信息披露 [J]. 金融研究 (12)：138-156.

李春涛，张计宝，张璇，2020. 年报可读性与企业创新 [J]. 经济管理 (10)：156-173.

李俊，2012. 非公企业党建内在动力培育研究：基于政党认同的视角 [J]. 中共天津市委党校学报 (2)：15-19.

李明伟，宋姝茜，2019. 新时代非公企业基层党组织建设质量提升探究 [J]. 新视野 (5)：99-105.

李涛，徐红，2022. 党组织对分类转移盈余管理的影响研究：以混合所有 制企业为视角 [J]. 北京航空航天大学学报 (7)：90-101.

李天明，秦小珊，2019. 充分发挥国有企业党组织领导作用的路径研究： 以黑龙江省国有企业党组织为视域 [J]. 湖南行政学院学报 (5)：78-85.

李维安，李晓琳，2017. 家族涉入、外部审计与信息披露违规 [J]. 系统工 程 (9)：60-69.

李维安，王世权，2005. 中国上市公司监事会治理绩效评价与实证研究 [J]. 南开管理评论 (1)：4-9.

李维安，郝臣，崔光耀，等，2019. 公司治理研究40年：脉络与展望 [J]. 外国经济与管理 (12)：161-185.

李文贵，邵毅平，2022. 监管信息公开与上市公司违规 [J]. 经济管理 (2)：141-158.

李延喜，吴笛，肖峰雷，等，2010. 声誉理论研究述评 [J]. 管理评论 (10)：3-11.

李世刚，章卫东，2018. 民营企业党组织参与董事会治理的作用探讨 [J]. 审计研究 (4)：120-128.

李焰，王琳，2013. 媒体监督、声誉共同体与投资者保护 [J]. 管理世界 (11)：130-143，188.

李源潮，2009. 以改革创新精神推进国有企业党的建设把党的政治优势转化为企业科学发展优势 [J]. 求是杂志 (17)：1-8.

梁建，陈爽英，盖庆恩，2010. 民营企业的政治参与、治理结构与慈善捐赠 [J]. 管理世界 (7)：109-118.

梁上坤，陈冬，胡晓莉，2015. 外部审计师类型与上市公司费用粘性 [J]. 会计研究 (2)：79-86，94.

梁雄军，李敦黎，李哲，2004. 非公有制企业党建的制度分析 [J]. 中共中央党校学报 (2)：67-72.

林晚发，钟辉勇，李青原，2018. 高管任职经历的得与失？：来自债券市场的经验证据 [J]. 金融研究 (6)：171-188.

刘柏，琚涛，2021. "事前震慑"与"事后纠偏"：分析师关注对财务错报和重述的跨期监管研究 [J]. 南开管理评论 (1)：50-61.

刘凤朝，默佳鑫，马荣康，2017. 高管团队海外背景对企业创新绩效的影响研究 [J]. 管理评论 (7)：135-147

刘会芹，施先旺，2022. 年报文本信息可读性与股价崩盘风险 [J]. 投资研究 (7)：129-148.

刘启亮，罗乐，张雅曼，等，2013. 高管集权、内部控制与会计信息质量 [J]. 南开管理评论 (1)：15-23.

刘笑霞，李明辉，杨鑫，2021. 签字会计师个人经验与财务重述 [J]. 商业经济与管理 (6)：52-64.

刘长庚，王宇航，江剑平，2022. 党组织能提高企业劳动收入份额吗?：基于中国民（私）营企业调查数据的实证研究［J］. 上海财经大学学报（1）：16-31.

刘维奇，武翰章，2021. 分析师改善了市场信息环境吗?：来自公司特质风险的证据［J］. 中央财经大学学报（1）：43-53.

柳学信，孔晓旭，工凯，2020. 国有企业党组织治理与董事会异议：基丁上市公司董事会决议投票的证据［J］. 管理世界（5）：13，116-133.

柳学信，刘祖尧，孔晓旭，2021. 党组织治理、行业竞争与环境绩效［J］. 济南大学学报（社会科学版）（5）：116-133，175.

龙小宁，杨进，2014. 党组织、工人福利和企业绩效：来自中国民营企业的证据［J］. 经济学报（7）：150-169.

卢锐，柳建华，许宁，2011. 内部控制、产权与高管薪酬业绩敏感性［J］. 会计研究（10）：42-48.

鲁桂华，张静，刘保良，2017. 中国上市公司自愿性积极业绩预告：利公还是利私：基于大股东减持的经验证据［J］. 南开管理评论（2）：133-143.

陆瑶，朱玉杰，胡晓元，2012. 机构投资者持股与上市公司违规行为的实证研究［J］. 南开管理评论（1）：13-23.

逯东，宋昕倍，龚祎，2020. 控股股东股权质押与年报文本信息可读性［J］. 财贸研究（5）：77-96.

罗栋梁，2016. 财务报告可理解性的神经语言研究［J］. 财会通讯（10）：41-45.

罗进辉，李小荣，向元高，2018. 媒体报道与公司的超额现金持有水平［J］. 管理科学学报（7）：91-112.

罗进辉，彭逸菲，陈一林，2020. 年报篇幅与公司的权益融资成本［J］. 管理评论（1）：235-245.

罗昆，李亚超，2022. 国有企业党组织治理与监管问询：来自内部治理问询函的经验证据［J］. 财经研究（12）：78-91.

马晨，程茂勇，张俊瑞，2018. 文化对财务重述行为的影响研究［J］. 管理工程学报（3）：27-36.

马晨，张俊瑞，李彬，2012. 财务重述影响因素研究：基于差错发生期和差错更正期的分析［J］. 山西财经大学学报（5）：96-105.

马晨,张俊瑞,2012. 管理层持股、领导权结构与财务重述 [J]. 南开管理评论 (2): 143-150, 160.

马骏,黄志霖,梁浚朝,2021. 党组织参与公司治理与民营企业高管腐败 [J]. 南方经济 (7): 105-127.

马连福,王元芳,沈小秀,2013. 国有企业党组织治理、冗余雇员与高管薪酬契约 [J]. 管理世界 (5): 100-115, 130.

马连福,王元芳,沈小秀,2012. 中国国有企业党组织治理效应研究:基于"内部人控制"视角 [J]. 中国工业经济 (8): 82-95.

毛志宏,李丽,2022. 党组织嵌入、代理成本与非效率投资 [J]. 当代经济管理 (10): 29-39.

潘临,李成艾,熊雪梅,2021. 社会信任与会计信息可比性 [J]. 审计与经济研究 (3): 88-98.

潘子成,易志高,柏淑嫄,2022. 儒家文化能抑制企业信息披露违规吗? [J]. 管理学刊 (1): 102-123.

彭俞超,韩珣,李建军,2018. 经济政策不确定性与企业金融化 [J]. 中国工业经济 (1): 137-155.

漆江娜,陈慧霖,张阳,2004. 事务所规模·品牌·价格与审计质量:国际"四大"中国审计市场收费与质量研究 [J]. 审计研究 (3): 59-65.

齐鲁光,韩传模,2017. 高管变更与财务重述:基于管理防御的视角 [J]. 中央财经大学学报 (3): 119-127.

乔嗣佳,李扣庆,佟成生,2022. 党组织参与治理与国有企业金融化 [J]. 金融研究 (5): 133-151.

丘心颖,郑小翠,邓可斌,2016. 分析师能有效发挥专业解读信息的作用吗?:基于汉字年报复杂性指标的研究 [J]. 经济学季刊 (4): 1483-1506.

邱观建,付佳迪,2016. 从"戴红帽子"到"多元主体共治":非公党建中企业家的行动逻辑 [J]. 社会科学研究 (1): 80-88.

邱静,李丹,2022. 管理层信息披露语调与企业违规 [J]. 科学决策 (5): 1-14.

屈文洲,蔡志岳,2007. 我国上市公司信息披露违规的动因实证研究 [J]. 中国工业经济 (4): 27-36.

任宏达,王琨,2018. 社会关系与企业信息披露质量:基于中国上市公司

年报的文本分析 [J]. 南开管理评论 (5)：128-138.

阮睿，孙宇辰，唐悦，等，2021. 资本市场开放能否提高企业信息披露质量？：基于"沪港通"和年报文本挖掘的分析 [J]. 金融研究 (2)：188-206.

沈艺峰，王夫乐，黄娟娟，等，2017. 高管之"人"的先天特征在 IPO 市场中起作用吗？[J]. 管理世界 (9)：141-154，188.

司登奎，李小林，赵仲匡，2021. 非金融企业影子银行化与股价崩盘风险 [J]. 中国工业经济 (6)：174-192.

孙健，王百强，曹丰，等，2016. 公司战略影响盈余管理吗？[J]. 管理世界 (3)：160-169.

孙亮，刘春，2021. 民营企业因何引入国有股东？：来自向下调整盈余的证据 [J]. 财经研究 (8)：109-122.

孙诗璐，2020. 民营企业党组织参与治理、内部控制与盈余质量 [D]. 北京：对外经济贸易大学.

孙文章，2019. 董事会秘书声誉与信息披露可读性 [J]. 经济管理 (7)：136-153.

汤学良，汪胜豪，吴万宗，2021. 建立党组织能促进私营企业环保投入吗？：基于模糊断点设计的实证分析 [J]. 贵州财经大学学报 (6)：1-10.

唐旭，2022. 党组织引领国有企业治理的基本逻辑与制度安排 [J]. 重庆工商大学学报（社会科学版）(2)：34-45.

佟岩，李鑫，钟凯，2021. 党组织参与公司治理与债券信用风险防范 [J]. 经济评论 (4)：20-41.

王金柱，王晓涵，2022. 新时代国有企业党组织"三权两责"建构分析 [J]. 中共中央党校（国家行政学院）学报 (3)：102-109.

王克敏，王华杰，李栋栋，等，2018. 年报文本信息复杂性与管理者自利：来自中国上市公司的证据 [J]. 管理世界 (12)：120-132，194.

王梦凯，刘一霖，李良伟，等，2022. 党组织"双向进入、交叉任职"能抑制企业信息披露违规吗？[J]. 外国经济与管理 (12)：19-34.

王鹏，2019. 责任嵌入：党组织参与非公企业发展的路径选择 [J]. 人民论坛 (10)：96-97.

王守海，许薇，刘志强，2019. 高管权力，审计委员会财务专长与财务重述 [J]. 审计研究 (3)：101-110.

王舒扬，吴蕊，高旭东，等，2019. 民营企业党组织治理参与对企业绿色行为的影响 [J]. 经济管理（8）：40-57.

王天义，2020. 论坚持党对民营企业的领导 [J]. 山东社会科学（10）：15-21.

王小鲁，樊纲，胡李鹏，2019. 中国分省份市场化指数报告（2018）[M]. 北京：社会科学文献出版社.

王元芳，马连福，2021. 党组织嵌入对企业行为自律的影响：基于企业风险的视角 [J]. 外国经济与管理（12）：19-34.

王元芳，马连福，2014. 国有企业党组织能降低代理成本吗？：基于"内部人控制"的视角 [J]. 管理评论（10）：138-151.

王元芳，徐业坤，2020. 高管从军经历影响公司治理吗？：来自中国上市公司的经验证据 [J]. 管理评论（1）：153-165

王运陈，贺康，万丽梅，等，2020. 年报可读性与股票流动性研究：基于文本挖掘的视角 [J]. 证券市场导报（7）：61-71.

温忠麟，张雷，侯杰泰，等，2004. 中介效应检验程序及其应用 [J]. 心理学报（5）：614-620.

巫岑，饶品贵，岳衡，2022. 注册制的溢出效应：基于股价同步性的研究 [J]. 管理世界（12）：177-198.

吴秋生，王少华，2018. 党组织治理参与程度对内部控制有效性的影响：基于国有企业的实证分析 [J]. 中南财经政法大学学报（5）：50-58，164.

吴溪，张俊生，2014. 上市公司立案公告的市场反应及其含义 [J]. 会计研究（4）：10-18，95.

夏立军，陈信元，2007. 市场化进程、国企改革策略与公司治理结构的内生决定 [J]. 经济研究（7）：82-95，136.

肖炜诚，2021. 党组织建设对民营企业贷款问题的纠偏效果研究 [J]. 经济社会体制比较（7）：64-73.

肖云峰，2021. 全面强化国有企业党的政治功能 [J]. 党建（3）：45-47.

谢获宝，丁龙飞，廖珂，2019. 海外背景董事与债务融资成本：基于董事会咨询和监督职能的中介效应 [J]. 管理评论（11）：202-211.

徐巍，姚振晔，陈冬华，2021. 中文年报可读性：衡量与检验 [J]. 会计研究（3）：28-44.

徐细雄，占恒，李万利，2020. 党组织嵌入、政策感知与民营企业新增投资 [J]. 外国经济与管理（10）：3-16.

徐细雄，严由亮，2021. 党组织嵌入、晋升激励与员工雇佣保障：基于全国私营企业抽样调查的实证检验 [J]. 外国经济与管理（3）：72-88.

薛飞，2002. 非公有制企业党建的特殊性分析及其制度创新 [J]. 探索（1）：36-40.

严斌剑，万安泽，2020. 党组织设立对民营企业绩效的影响研究：基于融资约束的视角 [J]. 党政研究（2）：119-128.

杨丹，黄丹，黄莉，2018. 会计信息形式质量研究：基于通信视角的解构 [J]. 会计研究（9）：3-10.

杨德明，令媛媛，2011. 媒体为什么会报道上市公司丑闻？[J]. 证券市场导报（10）：17-23.

杨慧辉，刘伟，2018. 融券机制对上市公司信息披露违规行为存在治理效应吗？[J]. 财贸研究（9）：98-110.

杨明增，曹惠泽，2017. 内部控制质量、审计师努力程度与财务报表重述 [J]. 经济管理研究（2）：48-57.

杨忠莲，杨振慧，2006. 独立董事与审计委员会执行效果研究：来自报表重述的证据 [J]. 审计研究（2）：81-85，51.

姚靖，2021. 政党入企：国家与社会双向赋能的中国实践 [J]. 党政研究（4）：58-66.

叶建宏，2017. 民企党组织参与公司治理：获取外部资源还是提升内部效率？[J]. 当代经济管理（9）：22-28.

伊志宏，姜付秀，秦义虎，2010. 产品市场竞争、公司治理与信息披露质量 [J]. 管理世界（1）：133-141，161，188.

尹智超，彭红枫，肖祖沔，等，2021. 融资约束视角下非公有制企业的"党建红利" [J]. 经济评论（4）：3-19.

于明洋，吕可夫，阮永平，2022. 文过饰非还是如实反映：企业避税与年报文本复杂性 [J]. 经济科学（3）：112-126.

于蔚，汪淼军，金祥荣，2012. 政治关联和融资约束：信息效应与资源效应 [J]. 经济研究（9）：125-139.

于晓强，刘善存，2012. 治理结构与信息披露违规行为：来自我国 A 股上市公司的经验证据 [J]. 系统工程（6）：43-52.

于瑶, 祁怀锦, 2022. 混合所有制与民营经济健康发展: 基于企业违规视角的研究 [J]. 财经研究 (3): 33-47.

于忠泊, 叶琼燕, 田高良, 2011. 外部监督与盈余管理: 针对媒体关注、机构投资者与分析师的考察 [J]. 山西财经大学学报 (9): 90-99.

于忠泊, 田高良, 张咏梅, 2012. 媒体关注、制度环境与盈余信息市场反应: 对市场压力假设的再检验 [J]. 会计研究 (9): 40-51.

余汉, 宋增基, 宋慈笈, 2021. 国有企业党委参与公司治理综合评价及有效性检验 [J]. 中国软科学 (10): 126-136.

余明桂, 李文贵, 潘红波, 2013. 民营化、产权保护与企业风险承担 [J]. 经济研究 (9): 112-124.

余威, 2019. 党组织参与治理的民营企业更"乐善好施"吗?: 基于慈善捐赠视角的实证检验 [J]. 云南财经大学学报 (1): 67-85.

俞雪莲, 傅元略, 2017. CFO背景特征、内部控制和公司财务违规 [J]. 福建论坛 (2): 74-80.

翟淑萍, 王敏, 白梦诗, 2020. 财务问询函能够提高年报可读性吗?: 来自董事联结上市公司的经验证据 [J]. 外国经济与管理 (9): 136-152.

张斌, 李宏兵, 陈岩, 2019. 所有制混合能促进企业创新吗?: 基于委托代理冲突与股东间冲突的整合视角 [J]. 管理评论 (4): 42-57.

张晨宇, 武剑锋, 2020. 大股东股权质押加剧了公司信息披露违规吗? [J]. 外国经济与管理 (5): 29-40.

张弛, 2019. 国有企业党组织与现代企业制度冲突吗? [J]. 当代经济研究 (12): 42-51.

张弛, 2017. 为什么中国特色现代国有企业制度"特"在党组织? [J]. 红旗文稿 (6): 22-23.

张洪辉, 平帆, 2019. 独立董事地理距离、高铁开通与财务重述 [J]. 会计与经济研究 (5): 21-37.

张洪松, 朱家明, 2021. 国有企业党的领导制度百年探索: 发展历程与基本经验 [J]. 四川大学学报 (2): 14-23.

张晓岚, 吴东霖, 张超, 2009. 董事会治理特征: 上市公司信息披露违规的经验证据 [J]. 当代经济科学 (4): 99-107, 128.

张璇, 张计宝, 田志凡, 2022. 企业避税与年报可读性 [J]. 经济理论与经济管理 (10): 99-112.

张月，刘兴平，2020. 非公企业党组织建设的历史演变与现实思考［J］. 理论导刊（5）：30-35.

张艺琼，2021. 证券交易所年报问询对上市公司年报文本信息披露的影响研究［D］. 西安：西北大学.

章高荣，2019. 组织同构与治理嵌入：党建何以促进私营企业发展［J］. 党政研究（6）：53-61.

章琳一，张洪辉，Hedy Huang，2016. 高管晋升激励与财务重述：基于强度和概率的视角［J］. 山西财经大学学报（12）：115-124.

赵璨，陈仕华，曹伟，2020. "互联网+"信息披露：实质性陈述还是策略性炒作：基于股价崩盘风险的证据［J］. 中国工业经济（3）：174-192.

郑登津，肖土盛，段懿宸，2022. 民营企业党组织影响力与内部收入差距［J］. 财经研究（12）：63-77，91.

郑登津，谢德仁，袁薇，2020. 党组织嵌入与民营企业财务违规［J］. 管理评论（8）：228-243.

郑登津，谢德仁，袁薇，2020. 民营企业党组织影响力与盈余管理［J］. 会计研究（5）：62-79.

郑登津，谢德仁，2019. 非公有制企业党组织与企业捐赠［J］. 金融研究（9）：151-168.

郑寰，祝军，2018. 也论党的领导与国有企业公司治理的完善：中国国有企业公司治理的政治维度［J］. 经济社会体制比较（2）：123-129.

周楷唐，麻志明，吴联生，2017. 高管学术经历与公司债务融资成本［J］. 经济研究（7）：169-183

周泽将，王浩然，万明华，2022. 董事选举得票率与企业违规行为［J］. 外国经济与管理（5）：19-32.

朱朝晖，林雯，曾爱民，2021. 高管机会主义品行与公司信息披露决策［J］. 商业经济与管理（8）：40-54.

朱杰，2020. 独立董事薪酬激励与上市公司信息披露违规［J］. 审计与经济研究（2）：77-86.

祝继高，陆正飞，2011. 产权性质，股权再融资与资源配置效率［J］. 金融研究（1）：131-148.

曾月明，崔燕来，陈云，2011. 我国上市公司信息披露违规的影响因素研究：基于2006—2009年数据的实证分析［J］. 经济问题（1）：116-120.

左锐，李玉洁，舒伟，2018. 企业诚信文化能抑制财务报告重述吗？〔J〕. 会计与经济研究 (4)：27-45.

ABBOTT L J, PARKER S, PETERS G F, 2004. Audit committee characteristics and restatements 〔J〕. Auditing, 23 (1)：69-87.

ABBOTT L J, PARKER S, PRESLEY T J, 2012. Female board presence and the likelihood of financial restatement 〔J〕. Accounting Horizons, 26 (4)：607-629.

AJINA A, LAOUITI M, MSOLLI B, 2016. Guiding through the fog：does annual report readability reveal earnings management? 〔J〕. Research in International Business and Finance (38)：509-516.

AL MAMUN M, BALACHANDRAN B, DUONG H N, 2020. Powerful CEOs and stock price crash risk 〔J〕. Journal of Corporate Finance (62)：101582.

ARORA S, CHAUHAN Y, 2021. Do earnings management practices define the readability of the financial reports in India? 〔J〕. Journal of Public Affairs, e2692.

BAI M, LI S, XU L, et al., 2022. How do overconfident CEOs respond to regulation fair disclosure? Evidence from financial report readability 〔J〕. Finance Research Letters (50)：103349.

BALL R, ROBIN A, WU J S, 2003. Incentives versus standards：properties of accounting income in four East Asian countries 〔J〕. Journal of Accounting and Economics, 36 (1-3)：235-270.

BARNETT A, LEOFFLER K, 1979. Readability of accounting and auditing messages 〔J〕. The Journal of Business Communication, 16 (3)：49-59.

BLOOMFIELD R J, 2002. The "incomplete revelation hypothesis" and financial reporting 〔J〕. Accounting Horizons (16)：233-243.

BONSALL S B, MILLER B P, 2017. The impact of narrative disclosure readability on bond ratings and the cost of debt 〔J〕. Review of Accounting Studies, 22 (2)：608-643.

BURNS N, KEDIA S, 2006. The impact of performance-based compensation on misreporting 〔J〕. Journal of Financial Economics (79)：35-67.

BUSHMAN R M, PIOTROSKI J D, SMITH A J, 2004. What determines corporate transparency? 〔J〕. Journal of Accounting Research, 42 (2)：207-252.

CHANG E C, WONG S M L, 2004. Political control and performance in China's listed firms [J]. Journal of Comparative Economics, 32 (4): 617-636.

CHEN G, FIRTH M, GAO D N, et al., 2005. Is China's securities regulatory agency a toothless tiger? Evidence from enforcement actions [J]. Journal of Accounting and Public Policy, 24 (6): 451-488.

CIANCI A M, FALSETTA D, 2008. Impact of investors' status on their evaluation of positive and negative, and past and future information [J]. Accounting & Finance, 48 (5): 719-739.

COHEN J, KRISHNAMOORTHY G, WRIGHT A, 2008. Waste is our business, Inc.: The importance of non-financial information in the audit planning process [J]. Journal of Accounting Education, 26 (3): 166-178.

CORNAGGIA J, TIAN X, WOLFE B, 2015. Does banking competition affect innovation? [J]. Journal of Financial Economics, 115 (1): 189-209.

DAILY C M, DALTON D R, CANNELLA JR A A, 2003. Corporate governance: decades of dialogue and data [J]. Academy of Management Review, 28 (3): 371-382.

DANIEL A, 2019. Do practitioner assessments agree with academic proxies for audit quality? Evidence from PCAOB and internal inspections [J]. Journal of Accounting and Economics, 67 (1): 144-174.

DE FRANCO G, HOPE O K, VYAS D, et al., 2015. Analyst report readability [J]. Contemporary Accounting Research, 32 (1): 76-104.

DECHOW P M, SLOAN R G, SWEENEY A P, 1996. Causes and consequences of earnings manipulation: an analysis of firms subject to enforcement actions by the SEC [J]. Contemporary Accounting Research, 13 (1): 1-36.

DONG Z, LUO Z, WEI X, 2016. Social insurance with Chinese characteristics: The role of communist party in private firms [J]. China Economic Review (37): 40-51.

EFFAH N A A, ASIEDU M, OTCHERE O A S, 2022. Improvements or deteriorations? A bibliometric analysis of corporate governance and disclosure research (1990—2020) [J]. Journal of Business and Socio-Economic Development.

ERTIMUR Y, SLETTEN E, SUNDER J, 2014. Large shareholders and disclosure strategies: evidence from IPO lockup expirations [J]. Journal of Accounting and Economics, 58 (1): 79-95.

FACCIO M, MARCHICA M T, MURA R, 2011. Large shareholder diversifica-
tion and corporate risk taking [J]. Review of Financial Studies, 24 (11):
3601-3641.

FAMA E F, 1980. Agency problems and the theory of the firm [J]. The Journal
of Political Economy, 88 (2): 288-307.

GILLAN S L, 2006. Recent developments in corporate governance: an overview
[J]. Journal of Corporate Finance, 12 (3): 381-402.

GRANOVETTER M, 1985. Economic action and social structure: the problem of
embeddedness [J]. American Journal of Sociology, 91 (3): 481-510.

GUL F A, KIM J B, QIU A A, 2010. Ownership concentration, foreign share-
holding, audit quality, and stock price synchronicity: Evidence from China
[J]. Journal of Financial Economics, 95 (3): 425-442.

HABIB A, HASAN M M, 2020. Business strategies and annual report readabili-
ty [J]. Accounting & Finance, 60 (3): 2513-2547.

HAMBRICK D C, MASON P A, 1984. Upper echelons: The organization as a
reflection of its top managers [J]. Academy of Management Review, 9 (2):
193-206.

HAUSMAN J, STOCKB J H, YOGO M, 2005. Asymptotic properties of the
hahn-hausman test for weak-instruments [J]. Economics Letters, 89 (3):
333-342.

HEALY P M, PALEPU K G, 2001. The role of corporate boards in improving
governance through effective disclosure [R]. Cambridge: Harvard Business
School.

HERLY M, BARTHOLDY J, THINGGAARD F, 2020. A reexamination of ac-
cruals quality following restatements [J]. Journal of Business Finance & Account-
ing, 47 (7-8): 882-909.

HIRSHLEIFER D, TEOH S H, 2003. Limited attention, information disclosure,
and financial reporting [J]. Journal of Accounting and Economics, 36 (1-3):
337-386.

HUANG H W, ROSE-GREEN E, LEE C C, 2012. CEO age and financial re-
porting quality [J]. Accounting Horizons, 26 (4): 725-740.

INDJEJIKIAN R J, 1991. The impact of costly information interpretation on firm disclosure decisions [J]. Journal of Accounting Research, 29 (2): 277 - 301.

KARPOFF J M, LOTT J R, 1993. The reputational penalty firms bear from committing criminal fraud [J]. The Journal of Law and Economics, 36 (2): 757-802.

KHANNA V, KIM E H, LU Y, 2015. CEO connectedness and corporate fraud [J]. The Journal of Finance, 70 (3): 1203-1252.

KOO K J, KIM D, 2014. Financial restatements, information asymmetry, and market liquidity [J]. Accounting and Finance Research, 3 (3): 1-71.

KRISHNAN J, 2005. Audit committee quality and internal control: an empirical analysis [J]. The Accounting Review, 80 (2): 649-675.

LAMONT O, POLK C, SAA - REQUEJO J, 2001. Financial constraints and stock returns [J]. Review of Financial Studies, 14 (2): 529-554.

LANG M, STICE-LAWRENCE L, 2015. Textual analysis and international financial reporting: large sample evidence [J]. Journal of Accounting and Economics, 60 (2-3): 110-135.

LAWRENCE A, 2013. Individual investors and financial disclosure [J]. Journal of Accounting and Economics (56): 130-147.

LEV B, 2003. Corporate earnings: facts and fiction [J]. Journal of Economic Perspectives, 17 (2): 27-50.

LI F, 2008. Annual report readability, current earnings, and earnings persistence [J]. Journal of Accounting and Economics, 45 (2-3): 221-247.

LI H, MENG L, WANG Q, et al., 2008. Political connections, financing and firm performance: evidence from Chinese private firms [J]. Journal of Development Economics, 87 (2): 283-299.

LI X, CHAN K C, 2016. Communist party control and stock price crash risk: evidence from China [J]. Economics Letters (141): 5-7.

LIM E K Y, CHALMERS K, HANLON D, 2018. The influence of business strategy on annual report readability [J]. Journal of Accounting and Public Policy, 37 (1): 65-81.

LIU X, 2016. Corruption culture and corporate misconduct. Journal of Financial

Economics, 122 (2): 307-327.

LO K, RAMOS F, ROGO R, 2017. Earnings management and annual report readability [J]. Journal of Accounting and Economics, 63 (1): 1-25.

LOUGHRAN T, MCDONALD B, 2014. Measuring readability in financial disclosures [J]. Journal of Finance, 69 (4): 1643-1671.

LOUGHRAN T, MCDONALD B, 2016. Textual analysis in accounting and finance: a survey [J]. Journal of Accounting Research, 54 (4): 1187-1230.

LUO J, LI X, CHEN H, 2018. Annual report readability and corporate agency costs [J]. China Journal of Accounting Research, 11 (3): 187-212.

MASULIS R W, WANG C, XIE F, 2012. Globalizing the boardroom: the effects of foreign directors on corporate governance and firm performance [J]. Journal of Accounting and Economics, 53 (3): 527-554.

MILLER G S, 2006. The press as a watchdog for accounting fraud [J]. Journal of Accounting Research (44): 1001-1033.

ORADI J, IZADI J, 2020. Audit committee gender diversity and financial reporting: evidence from restatements [J]. Managerial Auditing Journal, 35 (1): 67-92.

PATHAK S, SAMBA C, LI M, 2021. Audit committee diversity and financial restatements [J]. Journal of Management and Governance, 25 (3): 899-931.

PFEFFER J, SALANCIK G R, 1979. The external control of organizations: a resource dependence perspective [J]. Academy of Management Review, 4 (2): 309-310.

PLUMLEE R D, PLUMLEE M A, 2008. Assurance on XBRL for financial reporting [J]. Accounting Horizons, 22 (3): 353-368.

POLAT B, KIM Y, 2014. Dynamics of complexity and accuracy: a longitudinal case study of advanced untutored development [J]. Applied Linguistics, 35 (2): 184-207.

PORTA R L, LOPEZ-DE-SILANES F, SHLEIFER A, et al., 1998. Law and finance [J]. Journal of Political Economy, 106 (6): 1113-1155.

RICHARDSON S, TUNA I, WU M, 2002. Predicting earnings management: the case of earnings restatements [D]. Philadelphia: University of Pennsylvania.

SHLEIFER A, VISHNY R W, 1986. Large shareholders and corporate control [J]. Journal of Political Economy, 94 (3, Part 1): 461-488.

SUN L, JOHNSON G, BRADLEY W, 2022. CEO power and annual report reading difficulty [J]. Journal of Contemporary Accounting & Economics, 18 (2): 100315.

SUN P, MELLAHI K, WRIGHT M, et al., 2015. Political tie heterogeneity and the impact of adverse shocks on firm value [J]. Journal of Management Studies, 52 (8): 1036-1063.

TIROLE J, 1996. A theory of collective reputation [J]. Review of Economic Studies, 63 (1): 1-22.

TONG H, 2007. Disclosure standards and market efficiency: Evidence from analysts' forecasts [J]. Journal of International Economics, 72 (1): 222-241.

TROY C, SMITH K G, DOMINO M A, 2011. CEO demographics and accounting fraud: Who is more likely to rationalize illegal acts? [J]. Strategic Organization, 9 (4): 259-282.

UZUN H, SZEWCZYK S H, VARMA R, 2004. Board composition and corporate fraud [J]. Financial Analysts Journal, 60 (3): 33-43.

WANG T Y, WINTON A, YU X, 2010. Corporate fraud and business conditions: evidence from IPOs [J]. The Journal of Finance, 65 (6): 2255-2292.

WENG T C, CHEN G Z, CHI H Y, 2017. Effects of directors and officers liability insurance on accounting restatements [J]. International Review of Economics & Finance (49): 437-452.

XU Q, FERNANDO G D, TAM K, 2018. Executive age and the readability of financial reports [J]. Advances in Accounting (43): 70-81.

YAO S, WANG Z, SUN M, et al., 2020. Top executives' early-life experience and financial disclosure quality: impact from the Great Chinese Famine [J].

Accounting & Finance, 60 (5): 4757-4793.

YU Q Q, CHEN Q K, 2021. Party organization embedding and the intensity of charitable giving: Evidence from Chinese private enterprise survey [J]. Frontiers in Economics and Management, 2 (1): 123-126.

YUAN R, SUN J, CAO F, 2016. Directors' and officers' liability insurance and stock price crash risk [J]. Journal of Corporate Finance (37): 173-192.